KB142573

조선선비들의
행복
콘서트

조선 선비들의 행복 콘서트

(조선 선비들의 글을 통해 본 행복한 인문학 교과서)

[행복한 교과서®] 시리즈 No.08

지은이 | 김봉규
발행인 | 홍종남

2014년 7월 11일 1판 1쇄 인쇄
2015년 3월 16일 1판 2쇄 발행

이 책을 만든 사람들
책임 기획 | 홍종남
북 디자인 | 김효정
본문 디자인 | 김성인
교정 | 좋은글
출판 마케팅 | 김경아

이 책을 함께 만든 사람들
종이 | 제이피씨 정동수
제작 및 인쇄 | 다오기획 김대식

행복한출판그룹 학부모 서포터즈
김미라, 김미숙, 김수연, 김은진, 김현숙, 나은영, 박기복, 박민경, 박현숙, 변원미, 송래은
오석정, 오주영, 윤진희, 이승연, 이인경, 이혜승, 임혜영, 정인숙, 조동림, 조은정

펴낸곳 | 행복한미래
출판등록 | 2011년 4월 5일. 제 399-2011-000013호
주소 | 경기도 남양주시 도농로 34, 부영아파트 301동 301호
전화 | 02-337-8958 팩스 | 031-556-8951
홈페이지 | www.bookeditor.co.kr
도서 문의(출판사 e-mail) | ahasaram@hanmail.net
내용 문의(지은이 e-mail) | bg4290@naver.com
※ 이 책을 읽다가 궁금한 점이 있을 때는 지은이의 e-mail을 이용해주세요.

ⓒ 김봉규, 2014
ISBN 979-11-950214-5-1
〈행복한미래〉 도서 번호 026

조선 선비들의 글을 통해 본 행복한 인문학 교과서

조선선비들의
행복
콘서트

김봉규 지음 | **변미영** 그림 | **홍종남** 기획

행복한미래

진정한 행복을 누리려면

한 때 '부자 되세요' 라는 인사가 유행이었다. 이 말은 부자 되는 것을 궁극적인 목적으로 생각한 것이라기보다는, 부자가 되면 행복할 수 있을 것으로 믿고 주고받았을 것이다.

부자가 되면 행복해질까? 아닌 것 같다.

최근에는 '웰빙' '힐링'이라는 말이 넘쳐나고 있다. 또한 '행복하세요' 라는 말을 수없이 주고받는다. 행복에 대한 갈증이 그 만큼 심하다는 것을 말해주고 있다 하겠다.

경제적으로 부유해져도 만족을 모르고 경쟁은 더욱 심해지는 사회가 되고 있으니, 행복에 대한 갈증은 오히려 더해갈 수밖에 없다. 그래서 '행복'을 얻기 위한 아우성이 도처에 울려 퍼지고 있다. 정부까지 나서 '국민행복시대'를 외치고 있다.

우리 사회가 행복을 강요하는 듯하기도 한데, 이렇게 아우성을 친다고 행복이 찾아올까. 죽기 살기로 헬스를 하고, 성형을 하고, 다이어트를 하고 한다고 해서 진정한 행복을 누릴 수 있을까. 로또에 당첨이 된다고 해서 행복한 삶을 살 수 있을까. 일시적인 쾌락이나 만족을 행복으로 착각하고 달려가는 것은 아닌지 모르겠다. 진정한 행복은 그렇게 해서 오는 것이 아니다. 쉽게 얻을 수 있는 것도 아니다.

진정한 행복은 쉽게 누릴 수 있는 것이 아니다

네 잎 크로버는 '행운'을 상징하고, 세 잎 크로버는 '행복'을 뜻한다. 그런데 사람들은 수없이 널려 있는 세 잎 크로버(행복)를 밟으며 네 잎 크로버(행운)를 찾아 헤맨다. 왜 사람들은 어리석게 이렇게 널려 있는 '행복'은 거들떠보지도 않고 얻기도 어려운, 오히려 불행의 씨앗이 되는 '행운'을 찾아 헤매는 것일까?

일상의 행복, 진정한 행복을 누리려면 어떻게 해야 할까? 그 시작은 과도하고 헛된 욕심을 버리는 일이다. 온 세상이 달콤한 맛을 내세우며 유혹하고 광분하더라도 거기에 현혹되지 않는, 맑은 마음을 잃지 않아야 하는 것이다.

'청정한 마음' '도심道心' '명덕明德' '천사의 마음'이라 불리는 참마음을 잃지 않고 보존하며 길러가지 않고는 진정한 행복을 기대할 수 없는 것이 이치다.

몸의 근육을 만들어 건강한 육체를 유지하려면 근육을 단련해야한다. 음식을 골고루 섭취하고 충분히 움직여야 한다. 몸의 각 부분을 골고루 사용하며 움직여주지 않으면 안 된다. 특정 부위가 약해 강하게 하려면 그 부분을 집중적으로 단련한다.

마음도 마찬가지다. 건강한 마음을 만들고 유지하려면 잘못된 생각을 바로잡고 헛된 욕심을 없애야 하며, 맑은 마음을 단단하게 하기 위해 끊임없이 단련해야 한다. 이 맑은 마음을 되찾아 보존해 간다면 삶은 행복 그 자체가 될 것이다. 이것이 행복의 길이다. 매사에 감사하고 만족하며, 모든 이를 사랑하며 더불어 살 줄 안다면 행복은 언제나 같이 할 것이다.

실제 이렇게 사는 것이 쉽지는 않겠지만 이런 길을 뚜벅뚜벅 걸어가지 않고는 진정한 행복을 누리기 어려울 것이다. 일시적이고 달콤한 행복이 아니라, 진정으로 행복을 누리며 살아가려면 이렇게 해야 한다. 행복은 로또처럼 찾아오는 것이 아니기 때문이다. 끝없는 마음 공부를 통해 부질없는 욕심과 탐욕, 명예욕 등을 없애고, 일상 삶에서의 실천을 통해 '행복나무'의 뿌리를 튼튼히 해야 하는 것이다.

모두가 행복한 사회를 위해 평생 공부하며 실천한 선비들

이런 삶을 살기 위해 치열하게 공부하며 노력한 사람이 선비들이다. 성리학을 공부한 선비들은 어떻게 하면 자신은 물론, 국가와 사회가 행복한 세상을 구현하기 위해 심신을 수양하며 성현의 가르침을 실천한 사람들이다. 본성을 밝혀 언제나 깨어있는 삶, 행복한 삶을 살기 위해 평생을 수양한 주인공들이다.

유학(성리학)의 가르침은 다른 종교나 철학에 비해 매우 현실적이고 구체적이다. 그래서 유학을 공부한 선비들의 삶은 특히 올바른 삶, 행복한 삶을 살기 위해 필요한 구체적 방도를 어느 부류의 종교 지도자나 지식인들보다 잘 제시하고 있다. 따라서 그런 삶을 추구한 선비들이 남긴 글들을 통해 현대를 사는 우리를 돌아보는 일은, 진정한 행복의 길을 가는데 각별한 가르침을 줄 것으로 믿는다.

이런 선비들이 남긴 글 중에서 공감이 가는 글을 골라 필자의 생각이 담긴 글과 설명을 곁들여 소개한다. 인용하는 선비들의 글은 그동안 선행 연구자들이 남긴 저술과 자료들을 참고해 보다 쉽게 다듬어 정리했다.

조선 선비들의 행복관을 비롯해 부부관계, 자녀교육, 풍류와 멋, 직장(공직) 생활, 음주, 음식과 건강, 마음 수행, 죽음 등 삶의 여러 분야에 대한 글들을 가려 뽑아 정리했다. 글의 주인공들은 널리 알려진 이황, 이이, 조식, 정약용, 류성룡, 김성일, 이규보, 박지원, 김홍도, 이광사, 정철, 김굉필, 이익, 김상헌, 이산해, 채제공, 허목, 기대승, 최한기, 이원조, 정구, 송시열, 장흥효, 권벌, 허균, 주세붕 등 50명 정도에 이른다.

이 책 출간을 위해 옛 선비들의 글을 읽고 정리하면서 다시 한 번 많이 깨닫고 훌륭한 가르침을 다지는 기회가 되었다. 고마울 따름이다. 독자들도 진실한 삶이 녹아있는 선비들의 글을 통해 행복한 삶을 살아가는데 큰 도움을 얻을 수 있기를 기대한다.

선비들은 때로는 근본적인 가르침을, 때로는 구체적이고 세부적인 실천 지침을 이야기해 남기고 있다. 선비들이 남긴 옛글, 그들이 가꾼 '지혜의 숲'을 거닐어 보자.

2014년 6월 맑은 날 아침에
명강鳴崗 김봉규

차례

0부 —— 행복幸福이란 무엇인가?

1부 —— 가족家 : 가족의 안녕이 행복의 근원이다

1장 부부의 도 : 서로 공경해야   36

0부

행복이란 무엇인가?

01 | 행복과 욕심
행복은 욕심을 줄일수록 커진다

친구나 지인들 중 경제적으로 크게 여유가 없어도 아무런 대가를 바라지 않고 주위에 많은 선행을 베풀면서 살아가는 사람들이 있다. 별 욕심을 부리지 않는 그들을 보면 부처나 예수가 따로 없다고 생각을 하게 된다. '나는 언제 저런 사람이 될 수 있을까' 하는 반성과 함께.

경제적이고 물질적인 도움이 아니라, 자신의 재능을 필요한 이들에게 나누는 사람도 마찬가지다. 자신은 물론 남들도 행복하게 하는 이들은 각박한 사회를 윤택하게 하는, 단비 같은 존재들이다.

옛날 한 마을에 살인 사건이 일어났는데, 그 지역의 목사나 관찰사도 해결하지 못하고 있었다. 결국 임금이 사건 해결에 나서게 되었다. 임금이 사건 현장에 도착해 보니 높은 절벽 위에 돈 보따리 3개가 놓여 있고, 세 사람이 절벽 위에 누운 채 죽어 있었다. 그리고 한 사람은 절벽에서 떨어져 죽어 있었다. 현장을 자세히 살펴본 임금은 사건의 전말을 설명했다.

이 사건의 범인은 바로 죽은 네 사람 모두다. 네 사람이 돈을 도둑질해 이곳까지 와서는 한 사람에게 술을 사오라고 시킨 후 셋이서 돈을 나누기로 약속했고, 술을 사러간 도둑 역시 욕심에 눈이 어두워져 술에 독약을 타서 가져왔다. 술에 약을 넣은 것을 모르고 세 사람은 술을 사온 사람을 절벽으로 밀어서 떨어뜨려 죽인 다음, 기분 좋게 독이 든 술을 나누어 먹고 죽게 된 것이다.

너무 극단적이 이야기일지 모르지만, 사람 욕심의 무서움을 잘 꿰뚫고 있다 하겠다. 욕심이란 자루는 이처럼 아무리 채워 넣어도 차지 않는다. 이런 욕심을 그대로 두어서는 행복을 기대할 수 없다. 인간은 누구나 행복을 원하면서도, 화를 부르고 자신을 파멸로 이끄는 욕심을 자제하거나 없애지 못하는 경우가 대부분이다.

선현先賢들이 누누이 강조했듯이 행복은 욕심을 줄일수록, 만족할 줄 알수록 커진다. 사람이 불행해지는 것은 능력이 없거나 돈이 없기 때문만은 아니다. 운이 따라주지 않기 때문도 아니다. 지나친 욕심 때문에 행복하지 못하고 불행한 것이다. 회사나 국가도 그렇다. 지구촌이 황폐해지는 것도 마찬가지다.

노자는 '만족할 줄 아는 사람이 부자'라고 했고, 톨스토이 또한 '욕심이 작으면 작을수록 인생은 행복하다'고 강조했다. 욕심과 행복은 도르레에 달리 두 개의 추에 비유할 수 있을 것이다. 욕심이 무거울수록 행복은 멀리 올라가 버리고 욕심이 가벼울수록 행복은 가까이 온다.

그렇다면 행복의 적인 욕심을 어떻게 없앨 수 있을까? 왕도는 없다. 노력하는 수밖에 없다. 마음도 몸처럼 끊임없이 훈련하면 원하는 바를 얻을 수 있다. 날마다 욕심을 없애려고 노력하다 보면 어느새 행복이 다가와 있을 것이다.

02 | 넉넉하기만 하네

김정국 _____ 자네가 쉬지 않고 집을 짓는다는 소문을 내가 서울에서 들었다네. 남들이 전하는 말이 정녕 사실이라면, 차라리 그런 짓을 그만 두고 조용히 살면서 하늘의 뜻에 따르는 것이 좋지 않겠는가? 사람이 세상에 태어나 70세를 산다면 가장 장수했다고 한다네. 가령 나와 자네가 그렇게 장수하는 복을 누린다고 해도, 남아있는 세월이라야 겨우 10여 년에 지나지 않네. 무엇 때문에 노심초사하며 말 많은 자들의 구설수에 오를 짓을 사서 한단 말인가?

내 이야기를 해보겠네. 나는 20년을 가난하게 살면서 집 몇 칸 장만하고 논밭 몇 이랑 경작하며, 겨울에는 솜옷, 여름에는 베옷 몇 벌을 갖고 있네. 잠자리에 누우면 남은 공간이 있고, 옷을 입었는데도 남은 옷이 있으며 주발 바닥에는 먹다 남은 밥이 있다네. 이 여러 가지 남은 것을 자산으로 삼아 한 세상을 으스대며 거리낌 없이 지낸다네.

천 칸 되는 고대광실 집에다 온갖 쌀밥을 먹고, 비단옷 백 벌을 갖고 있다 해도 그 따위 물건은 내게는 썩은 쥐나 다를 바 없네. 호쾌하게 이 한 몸뚱이를 붙이고 사는데 넉넉하기만 하네.

듣자니 그대는 옷과 음식과 집이 나보다 백배나 호사스럽다고 하던데,

어째서 조금도 그칠 줄 모르고 쓸데없는 물건을 모으는가?

없어서는 안 될 것이 있기는 하네. 책 한 시렁, 거문고 한 벌, 벗 한 사람, 신 한 켤레, 잠을 청할 베개 하나, 바람 통하는 창 하나, 햇볕 쬐일 툇마루 하나, 차 달일 화로 한 개, 늙은 몸 부축할 지팡이 한 개, 봄 경치 즐길 나귀 한 마리가 그것이네. 이 열 가지나 되는 물건이 많기는 하지만 하나라도 없어서는 안 되네. 늙은 날을 보내는데 이밖에 구할 게 뭐가 있겠나.

세상사 분주하고 고단하게 꾸려가는 가운데, 저 산수간에서 열 가지 물건과 보낼 재미를 생각하기만 하면 어느새 돌아가고픈 기분에 몸이 훨훨 날 듯하네. 그러나 몸을 빼내어 돌아갈 방법이 없으니 어쩌면 좋겠나. 내 벗은 이 점을 잘 헤아리게나. _____

사재思齋 김정국(1485~1541)이 친구인 황 아무개에게 보낸 편지寄黃某書다. 황 아무개가 늙어서도 계속 집을 짓는 등 호사스럽고 욕심 사납게 산다는 소문이 들리자 보낸 충고의 편지다.

김정국은 김안국의 동생으로, 김굉필의 문인이다. 1509년 별시문과에 장원으로 급제한 그는 1514년에 사가독서賜暇讀書하였으며, 이조정랑·사간·승지 등을 역임한 후 1518년 황해도 관찰사가 되었다. 그러나 다음해 기묘사화로 삭탈관직되어 경기도 고양에 내려가 '팔여거사八餘居士'라 칭하고, 학문을 닦으며 저술과 후진교육에 힘썼다.

김정국은 이 글의 '잠자리에 누우면 남은 공간이 있고, 옷을 입었는데도 남은 옷이 있으며, 주발 바닥에는 먹다 남은 밥이 있다네臥外有餘地, 身邊有餘衣, 鉢底有餘食'란 대목에서 '세 가지 남은 것三餘'이란 말을 따

이경윤 작 「관월(觀月)」,
조선시대

서 '삼여거사三餘居士'란 호를 짓기도 했다.

　한때 사용했던 '팔여八餘' 라는 아호는 '여덟 가지 넉넉한 것'이라는
의미다. 기묘사화 때 정계에서 축출 당한 김정국은 고양군 망동리에
'은휴정恩休亭'이란 정자를 짓고, 제자를 가르치고 글을 쓰며 나날을 보
냈다. 어느 친구가 다소 생뚱맞은 새 호의 뜻을 물었다. 이에 김정국
은 이렇게 답했다.

토란국과 보리밥을 배불리 넉넉하게 먹고, 부들자리와 따뜻한 온돌에서 잠을 넉넉하게 자고, 땅에서 솟는 맑은 샘물을 넉넉하게 마시고, 서가에 가득한 책을 넉넉하게 보고, 봄날에는 꽃을, 가을에는 달빛을 넉넉하게 감상하고, 새들의 지저귐과 솔바람 소리를 넉넉하게 듣고, 눈 속에 핀 매화와 서리 맞은 국화에서는 넉넉하게 향기를 맡는다네. 한 가지 더, 이 일곱 가지를 넉넉하게 즐기기에 팔여라고 했네.

그 말을 들은 친구는 한참을 곰곰이 생각하다 이런 말을 건넸다.

　　세상에는 자네와 반대로 사는 사람도 있더군. 진수성찬을 배불리 먹고도 부족하고, 휘황한 난간에 비단 병풍을 치고 잠을 자면서도 부족하고, 이름난 술을 실컷 마시고도 부족하다네. 울긋불긋한 그림을 실컷 보고도 부족하고, 아리따운 기생과 실컷 놀고도 부족하고, 좋은 음악을 다 듣고도 부족하고, 희귀한 향을 맡고도 부족하다고 여기지. 한 가지 더, 이 일곱 가지 부족한 것이 있다고 그 부족함을 걱정하더군. 내 자네를 따라서 여덟 가지를 넉넉하게 즐기는 사람이 되기를 바랄 뿐, 속물을 따라서 부족함을 걱정하는 인간은 되고 싶지 않네 그려.

김정국은 망동리에서 20여 년 동안 '팔여'를 누리며 청빈을 즐겼다.

03 | 게딱지집보다
더 큰 집이 없고

임숙영 _____ 집 가운데 게딱지집보다 더 큰 집이 없고, 구름 위로 솟은
고대광실이 오히려 작은 법이다. 이른바 구름 위로 솟은 집이라 한 것은
부귀한 사람의 집이 아니겠는가? 높은 곳은 다락이라 하고, 밝은
곳은 거실이라 하며, 평평한 곳은 뜰이라 하고, 트인 곳은 정원이
라 한다네. 그 안을 구획하여 첩을 숨겨두고, 그 한 귀퉁이를 따로
두어 빈객을 머물게 하며, 그 바깥을 덜어내어 하인들을 거처하게
하지. 이러한 곳을 깊숙한 대저택이라 하지. 이곳에는 수만 명을
들일 수도 있다네.

그런데도 거주하는 사람들은 조바심을 내며 스스로 불만스러워 하면
서 더욱 집을 넓혀서 크게 하고자 하지. 그렇다면 비록 서울의 땅을 다 차
지하여 집터로 삼고, 농촉*의 산을 다 차지해 재목을 댄다 하더라도 아마
스스로 불만스러운 마음을 이기지 못할 것일세. 그러므로 천 칸 만 칸의
큰 집이라 하더라도 이미 스스로 불만스러워한다면 큰 것이 어디에 있겠

농촉隴蜀 후한서後漢書에 나오는 '사람이 만족을 모르면 농나라 땅을 평정하고 나서도 다시
촉나라 땅을 바라본다人苦不知足, 既平隴, 復望蜀'라는 글귀에서 유래한 것으로, 만족을 모른
다는 비유로 쓰이는 말이다.

는가?

큰 집을 두고도 스스로 불만스러워한다면 큰 것이 아닌 법이라네. 천칸 만 칸의 집에 스스로 불만스러워 하는 경우를 보면, 부귀를 차지한 자들이 거의 다 그러하다네. 이 때문에 구름 위로 솟은 집은 높다랗게 크지 않은 것은 아니지만, 스스로 불만스러워하는 마음을 가지고 말하므로 내가 크다고 하지 않고 작다고 한 것이라네.

게딱지집과 같은 곳은 매우 조그마한 집을 가리킨다네. 게딱지라 말하였으니 그중 작은 것은 손가락 하나도 들어가지 않을 듯하지만, 그곳에 사는 사람은 편안히 여기며 스스로 만족한다네. 이곳보다 큰 집을 차지할 수 있다 하더라도 그렇게 하지 않으니, 이는 스스로 만족하는 것이 진심이기 때문이라네. 그러므로 비록 손가락 하나처럼 작지만 그곳에 스스로 만족한다면 작은 것이 어디에 있겠는가? 작은 것에 스스로 만족하니, 스스로 만족한다면 작은 것이 아니라네. 저 손가락 하나처럼 작은 집에 스스로 만족하는 경우를 보면, 그러한 사람도 적지 않다네. 이 때문에 게딱지집은 매우 작지만 그 스스로 만족한 것을 가지고 말하므로 내가 작다고 하지 않고 크다고 한 것일세.

대개 천하의 사물이 크거나 작거나 관계없이 사람이 만족스러워하면 비록 작더라도 크게 느껴지고, 사람이 만족스럽지 못하게 생각하면 비록 크더라도 작게 여겨지는 법이라네. 저 게딱지집은 집 가운데 지극히 조그마한 것이요, 구름 위로 솟은 집은 집 가운데 지극히 큰 것이지. 그러나 게딱지집이 사람에게 만족스럽고 구름 위로 솟은 집이 사람에게 만족스럽지 못하므로, 내가 "집 가운데 게딱지집보다 더 큰 곳이 없고, 구름 위로 솟은 고대광실이 오히려 작은 법이다."라 말한 것일세.

또 자네는 달팽이 촉각* 위 왼쪽과 오른쪽에 만국蠻國과 촉국觸國이 있다는 말을 들어보지 못하였는가? 사물 중에 이보다 더 작은 것은 없지만 그런데도 여기에 나라를 둘이나 들일 수 있었다지. 이제 조그마한 게딱지가 달팽이 촉각 정도는 아니요, 큰 집 하나의 크기가 두 나라에 비할 바가 아니라네. 달팽이 촉각 위에 두 나라를 들일 수 있다면 유독 게딱지 안에만 집 하나를 들일 수 없겠는가? 게딱지는 달팽이 촉각에 비한다면 그래도 큰 편이지 않은가?

또 비록 게딱지집에 사는 것이 괴롭다 하더라도 물고기 뱃속에 장사를 치르는 것보다야 그래도 낫지 않겠는가? 예전 굴원屈原이 강가로 쫓겨나서 집을 구하려 하였지만 결정을 할 수 없어서 최후에 멱라수汨羅水에 빠져 죽었고, 그 뼈를 물고기 뱃속에 장사를 치르게 되었다네. 이제 자네도 또한 쫓겨난 신하가 아닌가? 게딱지도 또한 물고기 뱃속과 같은 종류라네. 그런데 굴원은 목숨을 잃고 물고기 뱃속에서 장사를 치렀고, 자네는 게딱지집에 목숨을 부지하고 있지 않은가?

이러한데 자네가 바라는 것이 너무 많지 않은가? 어찌 게딱지집이 작다고 말할 겨를이 있는가? 자네는 이곳에서 눕고 이곳에서 기거하고 이곳에서 잠을 자고 밥을 먹는다지. 들어가서 마음대로 못할 것이 없으니 그만하면 좋은 것이라네. 자네가 머물고 있는 집이 비록 작기는 하지만 즐길 바는 작지 않으니 다시 무엇을 한하겠는가?

비록 그러하지만 사물은 큰 것으로 작은 것을 알 수 있고, 작은 것으

촉각 『장자』에 달팽이 두 촉각에 만국蠻國과 촉국觸國이 있어 두 나라가 전쟁을 하여 시신이 백만을 헤아렸다는 고사가 있다.

로 큰 것을 알 수 있는 법이라네. 조그마한 게딱지집 역시 크게 여길 때가 있다네. 자네는 어찌 예전 살던 집처럼 여기지 않으시는가? 예전 자네가 살던 집 또한 좁았겠지만, 그래도 게딱지집에 비한다면 클 것일세. 이를 본다면 자네가 예전 살던 집처럼 여기게 될 날도 그리 멀지 않을 것일세.

자네라 한 사람은 누구인가? 벗 이명준李命俊 군으로 창기昌期는 그의 자字로, 동남의 바닷가로 유배를 왔는데, 처음 이르렀을 때 머물 집이 없었다지. 풍토와 기후가 맞지 않아 오래 고생한 다음에야 정사精舍 하나를 겨우 짓게 되었는데, 그 집이 조그마하였기 때문에 그 이름을 게딱지집이라는 뜻에서 해갑와蟹甲窩라 하였지. 우리말로 집들이 조그마한 것을 가리킬 때 게딱지라 부르기에. 이군의 집 이름을 이렇게 정한 것은 아마도 이 말에서 취한 것이겠지._____

소암疎庵 임숙영(1576~1623)의 '게딱지집 기문蟹甲窩記'이다.

임숙영은 어려서부터 시를 잘 짓고 기억력이 뛰어났다 한다. 1611년 별시문과의 대책對策에서 주어진 이외의 제목으로 척족의 횡포와 이이첨이 왕의 환심을 살 목적으로 존호를 올리려는 것을 심하게 비난하였다. 이를 시관 심희수가 좋게 보아 병과로 급제시켰는데, 광해군이 대책문을 보고 크게 노하여 이름을 삭제하도록 하였다. 몇 달간 삼사의 간쟁과 이항복 등의 주장으로 무마, 다시 급제되었다.

위 글은 임숙영이 1621년 사헌부의 탄핵으로 파직을 당하여 경기도 광주의 용진龍津에 물러나 살고 있을 때 지은 글이다. 당시 그의 벗 이명준 역시 벼슬에서 쫓겨나 경상도 영해 땅에 유배되어 있었다. 이 글은 서울에 살다 유배객이 되어 게딱지만한 좁은 집에 살게 된 이명준을 위로하며 지은 것이다.

　모든 것은 마음먹기에 달려 있다. 아무리 큰 집이라도 만족을 모르면 서울 땅을 다 차지하고서도 부족하다 할 것이고, 초가삼간이라도 마음에 욕심이 없으면 고대광실보다 더 넉넉 할 수 있는 것이다. 유배지의 게딱지만한 거처에 살면서도 안빈낙도安貧樂道를 즐길 수 있었다면 어느 때보다 넉넉하고 행복한 삶을 누릴 수 있었을 것이다.

가난해도 | 04
더 즐거울 수 있다

이황 _____ 저는 지난해 사직하고 돌아온 뒤, 겨우 한 차례 사직을 청했으나 윤허를 받지 못했습니다. 그 후로는 사직을 청해 성상聖上을 번거롭게 할까 몹시 두려워해 몸을 사리고 입을 다문 채 올해에 이르렀습니다.

이제 마침 나이 일흔이라 관직을 물러날 시기가 되었기에 감히 성상께 글을 올려 모든 직임을 벗겨줄 것을 청하면, 윤허 받지 못할 리 없을 것입니다. 만일 윤허 받지 못한다면 계속 글을 올려 기필코 뜻을 이루고야 말 작정입니다. 명분이 바르고 말이 이치에 맞으니 성상을 번거롭게 한다는 염려는 생각하지 않아도 될 듯합니다.

이 소원을 이룬다면 산은 더욱 깊어지고 물은 더욱 멀어지며, 글은 더욱 맛이 나고 가난해도 더욱 즐거울 수 있으리라 생각합니다. 그러나 그대와는 더욱 멀어지게 되니 소식을 자주 주고받기는 어렵겠습니다. 옛날 어진 이가 '의심이 나는 것은 누가 가르쳐 주며, 허물은 누가 경계해 줄 것인가' 하였다는데, 이제 그런 일을 만나니 유난히 한탄스럽습니다. _____

기대승 _____ 벼슬을 그만두고 고향에 돌아와 집안에 거처하며 예전에 공부한 글들을 다시 읽으며 이치를 사색하노라니 자못 맛이 있습니다. 이에 고인古人들처럼 누추한 집에서 편안히 거처하며 변변찮은 음식을 달게 먹는 것을 바랄 수 있게 되었습니다.

살고 있는 집 가까이에 있는 산기슭에 작은 초암草庵을 새로 지어 한가로이 기거할 곳으로 삼고자 하는데, '낙樂' 자를 이 초암의 이름으로 걸고자 합니다. 지난번에 주신 편지에서 '가난해도 더욱 즐거울 수 있으리라' 라고 하신 말씀을 보고 제 마음 속으로 바라는 뜻을 담아 정한 것입니다.

산은 비록 높지 않으나 시야가 두루 수백 리로 미치니, 집이 다 지어져 거처하면 참으로 조용히 수양하기에 알맞을 것입니다. 여기에서 학문에 힘쓰노라면 그 아름다운 경치가 주는 흥취가 없지 않을 것입니다. 이 밖에 세상의 부질없는 일 따위야 무슨 의미가 있다고 다시 입에 올리겠습니까. 살펴 헤아려 보시고 비평해 주시면 다행이겠습니다. _____

1570년, 퇴계退溪 이황(1501~1571)이 보낸 편지와 고봉高峯 기대승(1527~1572)이 답한 편지 글 중 일부다.

'가난해도 더욱 즐겁다'는 것은 『논어』에 나오는 공자의 말에서 유래한다. 자공子貢이 묻기를 "가난해도 아첨하지 않고 부유하여도 교만하지 않으면 어떠합니까?貧而無諂 富而無驕何如"하니, 공자가 "괜찮지만 가난해도 도를 즐기고 부유하여도 예를 좋아함만은 못하다.可也 未若貧而樂富而好禮者也"하였다.

그저 가난을 편안히 여길 뿐만 아니라 진리를 아는 참된 맛을 느낀다 했으니, 이것이 소위 가난을 편안히 여기고 진리를 즐긴다는 안빈

낙도安貧樂道의 삶이다.

이황은 늙음과 병을 이유로 누차 사임을 청하여 1569년 3월에야 69세의 나이로 우찬성을 벗고 명예직인 판중추부사判中樞府事를 맡은 채 돌아왔다.

기대승은 44세 때인 1570년 2월에 성균관 대사성을 사임하고 귀향했다. 고향에 돌아온 기대승은 곧바로 고마산顧馬山 남쪽에 낙암樂菴

이경윤 작 「고사탁족(高士濯足)」, 조선시대

을 지어 그 해 5월에 완공했다.

이듬해 여름에 홍문관 부제학과 이조참의에 연이어 제수되었으나 기대승은 모두 부임하지 않고 낙암에 굳게 은거하고 있었다. 그러나 그 이듬해인 1572년 2월에 종계변무주청사宗系辨誣奏請使로 조정이 부르자, 국가의 중대한 일이라 부임하지 않을 수 없었다. 그렇지만 그 해 10월에 벼슬을 사퇴하고 다시 낙향하다가 천안天安에 이르러 갑자기 병이 났으며, 태인泰仁에 이르자 병세가 더욱 위독해져 11월 1일에 운명했는데 향년이 겨우 46세였다.

05 | 분수를 알고
넉넉한 마음으로

유언호 _____ 올해 내가 육십일 세이니 어느새 칠십을 바라보는 나이가 되었구나. 생각해보면 옛날 어릴 적에는 이 정도 나이가 든 사람을 보면 바짝 마르고 검버섯이 핀 늙은이로 알았건만 세월이 흘러 이 지경에 이르렀구나. 하지만 그 속마음을 들여다보면 팔팔한 소년의 마음뿐이다.

돌이켜 생각해보면, 세상에 나온 이래로 서른 해 동안 세파에 부침하고 고락을 겪은 일들이 번개같이 순식간에 지나가버려서, 아련히 몽롱하게 꾸는 봄날의 꿈보다도 못하다. 남들 눈으로 보면 나이가 육십을 넘겼고 지위가 정승에 올랐으므로, 나이에도 벼슬에도 아쉬울 것이 없다고 하겠다.

그렇지만 내 스스로 겪어 온 일들을 점검해 보노라니, 엉성하고 거칠기가 이보다 심할 수가 없구나. 평생토록 궁색하고 비천하게 지내다 생을 마친 자들과 견주어 볼 때, 낫고 못하며 좋고 나쁘고를 구분할 것이 무엇이 있겠느냐?

지금처럼 섬에 갇힌 몸으로 곤경과 괴로운 처지를 당하지 않고서 일백 세까지 살면서 편안하고 영화로운 복록을 누린다고 쳐보자. 그렇다고 강물처럼 흘러가고 저녁볕처럼 가라앉는 시간이 또 얼마나 되겠느냐? 신

숙주 어른이 임종을 앞두고 "인생이란 모름지기 이처럼 그치고 마는 것을…"이라며 탄식했다고 한다. 그 분의 말에는 어떻게 해 볼 도리가 없는 잘못을 후회하는, 죽음을 앞두고 선량해지는 마음이 엿보인다.

사람이 세상에 태어나서 한 몸에 아무 일이 없고, 마음에 아무 걱정이 없이 하늘로부터 받은 수명을 온전하게 마치는 것은 그 이상 가는 것이 없는 복력福力이다. 다만 굶주림과 추위에 밀려서 과거를 치르고, 벼슬에 오르기 위해 바쁘게 다니지 않을 수 없다. 형편상 그렇게 사는 것이므로 한 사람 한 사람 그 잘못을 꾸짖기도 어렵다.

그러나 이제 선친께서 남겨주신 논밭과 집이 있어서, 죽거리를 장만하고 비바람을 막기에 충분하다. 그럼에도 불구하고 본분을 편안히 지키려 들지 않고 다른 것을 찾아서 바삐 돌아다니다가 명예를 실추하고 자신에게 재앙을 끼치는 처지에 이른다면, 이야말로 이로움과 해로움, 취할 것과 버릴 것을 전혀 분간할 줄 모르는 짓이다.

내가 지어야 할 농사를 내가 지어서 내 삶을 보살피고, 내가 가진 책을 내가 읽어서 내가 좋아하는 일을 추구하며, 내가 하고 싶은 일을 내 마음대로 하며 내 인생을 마치려 한다. 이것이 바로 옛 시에서 말한 '만약 70년을 산다면 백사십 세를 산 셈이다'라는 격이니 어찌 넉넉하고 편안치 않으랴?

나도 그런 삶을 살지 못 하고서 네게 깊이 바라는 연유는 방공龐公이 자손에게 편안함을 물려주려 한 고심과 다르지 않다. _____

사경士京 유언호(1730~1796)가 1790년 유배지인 제주도에서 아들에게 부친 편지다. 유언호는 영의정 자리에까지 오른 인물이지만 유배와 복직을 거듭하며 굴곡진 삶을 살았다. 우의정으로 있던 그는 1789년 '조덕린趙德隣 사건'으로 인해 제주도에 유배되어 3년을 보냈다. 유배지에 위리안치된 채 환갑을 맞이하고 보니 무한한 감회가 일어서 아들에게 그 심경을 담아 편지로 보낸 것이다.

살기도 오래 살았고 벼슬도 할 만큼 했으나, 돌아보면 그렇지 못한 사람보다 더 잘난 것도 없다. 인생이란 따지고 보면 그렇게 허무한 것이다. 그래서 이제부터는 더 이상 자신의 삶 밖의 일을 탐하지 않고 분수에 맞게 하고 싶은 것을 하면서 살겠다고 한다. 아들은 이런 이야기를 얼마나 깊이 새겨들었을까?

선비, 06
돗자리를 짜다

김낙행 _____ 시골 사람들의 농담에 이런 말이 있다.

시골 선비가 젊어서 과거 문장을 익히다가 과거에 합격하지 못하면
풍월風月이나 읊고, 그러다 기운이 빠지면 자리 짜는 일을 하다가 마침
내 늙어 죽는다.

이 농담은 그런 처지의 선비를 천시하고 업신여겨 하는 말일 것이다.
선비다운 풍모에서 멀리 벗어나고, 풍류와 아치를 손상시키기로는 자리
를 짜는 일이 가장 심하다. 그래서 자리 짜는 일을 특히 천하게 여겨서,
빈궁하고 늙은 사람이 마지막에 하는 일로 생각한다. 사람으로서 이렇게
하다가 인생을 마친다면 참으로 불쌍히 여길 일이다.

그러나 주어진 분수에 따라 살아가는 사람을 느닷없이 비난하고 비웃
을 일만은 아니다. 이제 나는 과거 문장도 풍월도 일삼지 않는다. 산속에
몸을 붙여 살아가므로 궁색하기가 한결 심하다. 따라서 농사짓고 나무하
는 일이 내 분수에 맞는다. 더욱이 자리를 짜는 일이야 그다지 근력이 들
어가는 일도 아니잖은가?

집사람이 그저 밥이나 축내고 신경 쓸 일도 하나 없는 나를 못마땅하게 여겨, 그 형제의 집에서 자리 짜는 재료를 얻어다가 억지로 내게 자리라도 짜라고 하였다. 그리고는 이웃에 사는 노인을 불러서 자리 짜는 방법을 가르치게 하였다. 나는 속을 죽이고 그 일을 하는 수밖에 어쩔 도리가 없었다.

처음에는 손은 서툴고 일에 마음이 집중되지 않아서 몹시 어렵고 더뎠다. 종일토록 해봐야 몇 치 길이밖에 짜지 못했다. 그러나 날이 지나고 일이 조금씩 익숙해지자 손을 놀리는 것도 저절로 편해지고 빨라졌다. 짜는 기술이 머릿속에 완전히 익자, 자리를 짜면서 곁에 있는 사람을 보고 말을 나누더라도 씨줄과 날줄이 번갈아가며 엇갈리는 것이 모두 순조로워서 조금의 오차도 생기지 않았다.

그렇게 되자 이제는 괴로움은 다 잊어버리고 즐겨 자리를 짜게 되었다. 식사를 하고 소변을 보러 가거나 귀한 손님이 올 때가 아니면 쉬지를 않았다. 따져보니 아침부터 저녁까지 한 자 길이를 짰는데, 솜씨가 좋은 사람의 입장에서는 여전히 서툴다고 하겠지만 내 입장에서는 크게 나아진 것이다.

천하에 나만큼 재주가 없고 꾀가 부족한 자가 없다. 한 달 배워서 이런 정도까지 이른 것을 보니 이 기술이란 것이 천하의 보잘것없는 기술임을 얼추 알 만하다. 내가 이 일을 하는 것이 참으로 적합하다. 비록 이 일을 하다 내 인생을 마친다고 해도 사양하지 않겠다. 왜냐하면 내 분수에 알맞기 때문이다.

이 일을 하여 내게 보탬이 되는 것은 다섯 가지다. 일하지 않고 밥만 축내지 않는 것이 첫 번째요, 일없이 하는 괜한 출입을 삼가는 것이 두 번

김홍도 작 「자리짜기」, 조선시대

째다. 한여름에도 찌는 듯한 더위와 땀이 나는 것을 잊고, 대낮에도 곤한 낮잠을 자지 않는 것이 세 번째다. 시름과 걱정에 마음을 쏟지 않고, 긴요하지 않은 잡담을 나눌 겨를이 없는 것이 네 번째다.

자리를 만들어 품질이 좋은 것으로는 늙으신 어머니를 편안하게 모실 수 있고, 거친 것으로는 내 몸과 처자식이 깔 수 있다. 또 어린 계집종들도 맨바닥에서 자는 것을 면할 수 있다. 그리고 그 나머지로는 나처럼 빈궁한 사람에게 나누어 주는 것이 다섯 번째. 정축년 여름 5월 아무 날에 쓴다. _____

구사당九思堂 김낙행(1708~1766)의 '직석설織席說'이다. 안동 출신으로, 밀암密庵 이재의 문인인 그는 『근사록近思錄』 『심경心經』 등에 조예가 깊었다. 강좌江左 권만, 대산大山 이상정 등과 교유하며 글을 쓰고 학문을 연마한 선비로, 벼슬길에 나아가지 않고 향촌에서 한평생을 보냈다.

문장으로 이름이 났고, 효행이 지극했다. 특히 제문祭文에 뛰어나서 '구제밀찰九祭密札(구사당 김낙행의 제문, 밀암 이재의 편지라는 뜻)'로 불리기도 했다. 생산적인 일을 하지 않는 선비가 부인의 성화에 떠밀려 자리 짜는 일을 하게 되면서 깨닫게 된 것들을 담고 있다. 가난한 선비의 처지와 생각을 엿볼 수 있다.

1부

가족
가족의 안녕이 행복의 근원이다

부부의 도
서로 공경해야

부부, 서로 손님처럼 01
부부는 만복의 근원이다

이 세상에 영원한 것은 없고 세상은 돌고 돈다고 했던가. 근래 우리 사회에 나타난 '여성의 지위' 변화는 새삼 이 말을 떠올리게 한다. 짧은 시간 동안에 일어난 급작스런 변화를 보며 '천지개벽'이라고 표현하는 사람도 있을 정도다. 갈수록 설 자리 좁아지는 남성의 입장을 보면, 중년 이상 남성에게는 더욱 그 처지가 격세지감을 느끼게 하는 현실이다.

2012년 황혼이혼(중·노년 이혼) 건수가 사상 최고를 기록하며, 처음으로 신혼이혼 건수를 추월한 것으로 나타났다. 2012년에 이혼한 우리나라 부부 11만4천316쌍 중, 결혼 20년차 이상 부부의 비율이 26.4%를 차지했다. 네 쌍 중 한 쌍은 황혼이혼인 것이다. 신혼이혼이라 할 수 있는 4년차 미만 부부의 비율은 24.6%였다.

세상이 바뀌면서 중·노년 여성들의 인식도 변한 것이다. 여성이라고 해서 예전처럼 고통을 당하더라도 무조건 참고 사는 세상은 이제 아니다. 세상이 바뀌었는데도 옛날처럼 생각을 하고 처신을 해서는 될 일이 아니다.

퇴계 이황이 장가를 가는 손자에게 보낸 편지 내용 중에 다음과 같은 부분이 있다.

'부부는 인류의 시작이고 만복의 근원이니, 비록 지극히 친하고 지극히 가깝더라도 지극히 바르게 대해야 하고 지극히 조심해야 하는 관계다. 그렇기 때문에 군자의 도는 부부에서 시작된다고 하는 것이다. 세상 사람들이 모두 이러한 이치를 잊어버리고, 서로 함부로 대하다가 마침내 모욕하고 멸시하는 지경에 이른다. 이런 일은 모두 서로 손님처럼 공경하지 않는 데서 오는 것이다.'

퇴계는 남존여비의 조선시대 인물임에도 불구하고 부부관계의 어려움을 인식하여 부부는 서로 손님을 대하는 것처럼 조심하며 살 것을 강조하고 있다. 황혼을 앞둔 남편들이 부인에게 버림받지 않고 노후를 무탈하게 보내려면 각고의 노력을 해서라도 옳지 않은 습관을 개선하고 부인의 눈 밖에 나지 않도록 할 일이다.

부부는 서로 손님처럼 공경하라는 말은 참으로 새겨들어야 할 가르침인 것 같다. 친하게 지내더라도 손님처럼 대하는 자세를 잃지 않는다면 원수 사이로 변하는 일은 없을 것이다.

불행한 부부생활로 몹시 괴로운 적도 있었네 | 02

이황이 제자에게 _____ 공자께서 말씀하시기를 '천지가 있고 난 뒤에 만물이 있고, 만물이 있고 난 뒤에 부부가 있고, 부부가 있고 난 뒤에 부자가 있고, 부자가 있고 난 뒤에 군신이 있고, 군신이 있고 난 뒤에 예의를 베풀 곳이 있다'고 하였네. 자사子思께서는 '군자의 도는 부부에게서 시작되니, 지극함에 이르면 천지에 밝게 드러난다'고 하시고, 또 『시경』에 '처자 간에 잘 화합함이 금슬琴瑟을 연주하는 듯하다.'고 하였네. 이를 두고 공자께서 말씀하시기를 '이렇게 되면 부모가 편안하실 것이다'고 하셨다네. 부부의 도리가 이처럼 중요한 것이니, 마음이 잘 맞지 않는다는 이유로 소홀하고 박절하게 대해서야 되겠는가.

『대학大學』에 '그 근본이 어지러우면서 지엽이 다스려지는 경우는 없으며, 후하게 대할 데에 박하게 하면서 박하게 대할 데에 후하게 하는 자는 없다'고 했는데, 맹자께서 이 말을 부연하시기를, '후하게 대할 데에 박하게 한다면 박하게 하지 않을 데가 없을 것이다'고 하였네.

아! 사람됨이 박하고서야 어떻게 부모를 섬길 수 있겠으며, 어떻게 형제·친척·이웃과 잘 지낼 수 있겠으며, 어떻게 임금을 섬기고 백성을 부릴 수 있겠는가. 공公이 금슬이 안 좋다고 들었는데, 무슨 이유로 그런 불행이 생긴 것인가?

세상을 보면, 이런 문제가 있는 사람이 적지 않네. 아내의 성품이 나빠 고치기 어려운 경우도 있고, 아내의 얼굴이 못생기고 우둔한 경우도 있고, 남편이 방종하여 행실이 좋지 못한 경우도 있고, 남편의 호오好惡가 이상한 경우도 있네. 경우들이 많아 일일이 거론할 수는 없네.

그러나 대의로 말한다면 그 중 아내의 성품이 나빠 교화하기 어려워 스스로 소박을 당할만한 죄를 지은 경우를 제외하고는, 모두 남편이 스스로 자신을 반성하고 애써 아내를 잘 대해주어 부부의 도리를 잃지 않으면 되네.

그렇게 하면 부부의 큰 인륜이 무너지는 데 이르지 않을 것이고, 자신도 '박하게 하지 않는 데가 없는' 지경에 빠지지 않을 것이네. '성품이 나빠 고치기 어렵다'는 것도 몹시 패역悖逆하여 인륜의 도리를 어지럽힌 경우가 아니라면, 역시 상황에 따라 대처하고 갑자기 인연을 끊어버리지 않는 게 좋네.

옛날에는 아내를 버려도 그 아내가 다른 데 시집갈 수 있었기 때문에, 칠거지악七去之惡을 저지르면 아내를 바꿀 수 있었네. 그러나 오늘날의 아내는 대부분 한 지아비만 끝까지 따르니, 어찌 정의情義가 맞지 않다는 이유로 남처럼 대하거나 원수처럼 대하여 한 몸처럼 살아야 할 사이가 서로 반목하게 만들겠는가? 그리고 한 이부자리를 사용하면서 천리나 떨어진 것처럼 되어, 가도家道가 시작될 곳이 없고 만복萬福이 깃들 뿌리가 없게 해서야 되겠는가?

『대학』에도 '자신에게 잘못이 없는 뒤에 남의 잘못을 지적한다'고 하였네. 이 부부간의 문제에 대해 내가 예전에 겪은 것을 말해주겠네. 나는 두

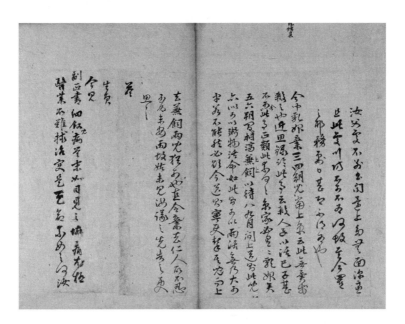

이황이 손자(안도)에게 보낸 편지

번 장가들었는데 하나같이 아주 불행한 경우를 만났네. 그렇지만 이러한 처지에서도 감히 박절한 마음을 내지 않고 애써 아내를 잘 대해준 것이 거의 수십 년이었네. 그 동안에 마음이 몹시 괴로워 번민을 견디기 어려운 적도 있었네. 그렇지만 어찌 마음 내키는 대로 행동해서 부부의 큰 인륜을 무시하여 홀어머니께 걱정을 끼칠 수 있었겠는가.

후한後漢 때 질운이 '부부간의 문제에 대해서는 아비도 아들에게 마음대로 하지 못하는 것이다'라고 한 것은 참으로 인륜의 도리를 어지럽히는 말이니, 이런 말을 핑계 삼아 그대에 충고하지 않을 수는 없네. 그대는 깊이 생각하고 반성해 잘못을 고쳐야 할 걸세. 이런 잘못을 끝내 고치지 않는다면, 어떻게 학문을 한다고 하겠으며 올바른 행실에 대해 말할 수 있겠는가? _____

퇴계退溪 이황(1501~1570)이 젊은 제자 이함형에게 보낸 편지다. 부부 사이가 좋지 못했던 이함형에게 간곡히 충고하는 내용이다. 자신의 부끄러운 가정사를 들어가면서 자상하게 타이르고 있다.

이함형李咸亨(1550~1586)은 자가 평숙平叔, 호는 산천재山天齋다. 효령대군의 후손으로 서울 사람이지만, 처가가 있는 순천에 내려가서 살다가 1569년 이황의 문하에 들어갔다. 이황의 가르침을 받은 기간은 매우 짧았으나 독실한 제자였다. 이 편지를 보낼 때 퇴계는 70세, 이함형은 21세였다. 이 해에 이황은 세상을 떠났다.

봉투에 '도중에 열어보지 마라'고 써놓은 이 편지를 집에 도착해 읽은 이함형은 자신의 잘못을 고침으로써 다시 부부 사이가 좋아졌고, 소박맞을 뻔했던 이함형의 부인은 이황의 은혜를 못 잊어 이황이 세상을 떠나자 심상心喪 3년을 살았다 한다.

이러한 이황의 가르침은 손자가 장가갈 때 보낸 퇴계의 편지 속에도 잘 드러나 있다.

어제 모든 혼례 의식을 잘 치렀느냐. '공경스럽게 그대를 배필로 맞이해 우리 가문을 이으려고 하니, 힘써 공경하여 돌아가신 어머님 뒤를 이을지어다'라고 당부하고, 대답은 '오직 감당하지 못할까 두려울 뿐,

어찌 감히 그 명을 어기겠습니까?' 라고 하는 것이 결혼식에서 주고받는 말이다. 너도 들은 바 있느냐. 천 번 만 번 조심하여라.

부부가 되는 것은 인륜의 시작이고 만복의 근원이다. 그러니 부부는 비록 지극히 친하고 가깝더라도, 지극히 바르게 대해야 하고 지극히 조심해야 하는 관계다. 그렇기 때문에 군자의 도는 부부에서 시작된다고 하는 것이다. 세상 사람들이 모두 이러한 이치를 잊어버리고, 서로 함부로 대하다가 마침내 모욕하고 멸시하는 지경에 이른다. 이런 일은 모두 서로 손님처럼 공경하지 않는 데서 오는 것이다. 그렇기 때문에 가정을 바르게 다스리려면 마땅히 그 시작부터 삼가고 조심해야 할 것이다. 천만 번 조심하고 조심하거라.

03 | 그대가 저승으로 가니 마음 둘 곳이 없소

권문해의 아내를 위한 제문 _____ 나무와 돌은 풍우에도 오래 남고, 가죽나무와 상수리나무는 예전처럼 아직 살아 저토록 무성한데, 그대는 홀로 어느 곳으로 간단 말인가.

서러운 상복을 입고 그대 지키고 서 있으니, 둘레가 이다지도 적막하여 마음 둘 곳이 없소. 얻지 못한 아들이라도 하나 있었더라면 날이 가면서 성장하여 며느리도 보고 손자도 보아 그대 앞에 향화 끊이지 않을 것을.

오호 슬프다. 저 용문산을 바라보니 아버님의 산소가 거기인데, 그 곁에 터를 잡아 그대를 장사지내려 하는 골짜기는 으슥하고 소나무는 청청히 우거져 바람소리 맑으리라. 그대는 본시 꽃과 새를 좋아했으니, 적막 산중 무인고처에 홀로 된 진달래가 벗되어 드릴 것이요.

이제 그대가 저승에서 추울까봐 어머니가 손수 수의를 지으셨으니, 이 옷에는 피눈물이 젖어있어 천추만세를 입어도 해지지 아니 하리다.

오오! 서럽고 슬프다. 사람이 죽고 사는 것은 우주에 밤과 낮이 있음과 같고, 사물의 비롯함과 마침이 있음과 다를 바가 없는데, 이제 그대는 상여에 실려 그림자도 없는 저승으로 떠나니 나는 남아 어찌 살리오. 상여소리 한 가락에 구곡간장 미어져서 길이 슬퍼할 말마저 잊었다오. _____

초간草澗 권문해(1534~1591)가 자신의 부인이 먼저 저 세상으로 가버리자 상을 치르면서 지은, 부인을 위한 제문이다. 자식 하나 남기지 않고, 팔순 시어머니를 두고 먼저 간 부인에 대한 절절하고 애틋한 정이 잘 드러나는 글이다.

권문해는 조선 선조 때 학자로 특히 사학에 밝았다. 그가 남긴 대표적 역저인『대동운부군옥』은 단군 시대부터 조선 명종까지의 다양한 일들을 정리한 저술로, 투철한 자주의식을 바탕으로 순수한 우리 문화와 역사를 수록한 최초의 대백과사전이다. 이런 위대한 저서를 저술할 수 있었던 것도 각별했던 부부사랑이 그 힘의 원천이 되었을 것이다.

04 | 산기가 시작되면
즉시 사람을 보내소

곽주가 아내에게 ＿＿＿＿＿ 언상이가 오거늘 장모님하고 모두 편히 계시다 하
니 기뻐하네. 정렬이는 자빠져서 많이 다쳤다 하니 어쩌다가 자빠졌는고.
놀라이 여기네.

이 달이 다 저물어 가되 지금 아기를 낳지 아니하니 정녕 달을 그릇 헤
아렸는가 하네. 오늘 기별이 올까 내일 기별 올까 기다리다가 불의에 언
상이가 다다르니 내 놀란 뜻을 자네가 어찌 다 알겠는가. 산기産氣가 시
작되면 사람을 즉시 보내소.

비록 쉽게 낳을지라도 부디 사람을 보내소. 남자 종이 없으면 여자 종
이라도 즉시 보내소. 기다리고 있겠네.

종이에 싼 약은 내가 가서 달여 쓸 것이니 내가 아니 가서는 자시지 마
소.

꿀과 참기름은 반잔씩 한 데 달여서 아이가 돈 후에 자시도록 하소.

염소 중탕도 종이에 싼 약과 함께 갔거니와 염소 중탕도 내가 간 후에
자시도록 하소.

진실로 이 달이 맞다면 오늘 내일 안으로 아이를 낳을 것이니, 산기가
시작하자마자 부디 부디 즉시즉시 사람을 보내소.

곽주의 한글 편지

　정례는 어찌 있는고. 더욱 잊지 못하여 하네.

　비록 딸을 낳아도 절대로 마음에 서운히 여기지 마소. 자네 몸이 편하면 되지 아들은 관계치 아니하여 하네. 장모께는 종이가 없어서 안부도 못 아뢰오니 까닭을 여쭙고, 사람을 즉시 아이 낳기를 시작하면 보낼 일을 좀 아뢰소.

　면화는 아기씨 달아서 봉하여 보내네. 나는 요사이 내내 머리가 아파 누웠다가 어제부터 성하여 있네. 걱정 마소.

　… 바빠 이만.＿＿＿＿＿

　곽주郭澍가 아내에게 보낸 한글 편지다. 아내 하씨의 출산을 기다리는 곽주의 심정이 잘 나타나 있다. 곽주(1569~1617)는 홍의장군으로 널리 알려진 망우당忘憂堂 곽재우의 종조카다.

이 편지에 앞서 아내가 출산을 위해 친정으로 간 후 소식이 없자 보낸 편지에도 초조한 마음이 잘 담겨져 있다.

요사이 아이들 데리고 어찌 계신고. 기별 몰라 한 때도 잊은 적이 없고 걱정도 가이 없네. 자네 기별은 기다리다가 못하여 사람을 보내네. 지금 별 일이 없는가. 이 달이 다 저물었는데도 지금껏 기척이 없으니 달을 잘못 헤아리지 않았는가 싶으이. 행여나 아무런 기미가 있으면 즉시즉시 사람을 보내소. 아무 때에 와도 즉시 갈 것이니 부디부디 즉시즉시 사람을 보내소. 비록 순산하더라도 사람을 보내 부디 내게 알리소. 매일 기다리되 기별이 없으니 정말 민망스럽네. 나는 지금 편히 있으되 자네 때문에 한 번도 마음 놓고 지낸 적이 없으니, 이 무슨 무슨 원수런고 생각이 든다네. 아무쪼록 편히 계시다가 산기가 시작하거든 즉시즉시 사람을 보내소. 기다리고 있네. 바빠 이만.

노심초사한 시간이 지나고 하씨는 무사히 아기를 낳았다. 아들이었다. 그 아기 이름이 '대임이'였던 모양이다. 그리고 무럭무럭 자랐다

온 후의 기별 몰라 걱정하네. 대임이는 한결같이 젖을 잘 넘기는가. 풍난이는 어제 돌아왔던가. 무엇이라 하던고.

이 편지들은 1989년 4월 대구시 달성군 현풍면 소례 마을의 현풍 곽씨 후손들이 달성군 구지면 도동 뒷산의 12대 조모 진주 하씨의 묘

이장 작업을 하던 중 관 속에서 발견하게 된 다량의 편지 중 하나다.

　무덤의 주인공은 곽주의 두 번째 부인인 진주 하씨. 여기서 모두 172매의 편지가 나왔다. 한글로 된 것이 167매이고 나머지 5매는 한문 편지였다. 연대는 1602년부터 1650년대까지. 172매 중 105매가 곽주가 쓴 것이고, 출가한 곽주의 딸이 친정어머니에게 쓴 편지가 42매다.

02 | 다시 볼 기약을 하지 못하겠소

김성일이 아내에게 _____ 요사이 추위에 모두들 어떻게 계시는지 심히 걱정되오. 나는 산음(경남 산청) 고을에 와서 몸은 무사히 있으나, 봄이 닥치면 도적들이 다시 날뛸 것이니 어찌해야 할 지 모르겠소. 또 직산稷山에 있던 옷은 다 여기에 왔으니 추위하고 있는가 걱정하지 마시오. 장모님 모시고 설 잘 쇠시오.

자식들에게는 편지를 따로 쓰지 못하오. 잘들 있으라 하오. 감사라 하여도 음식을 가까스로 먹고 다니니 아무 것도 보내지 못하오. 살아서 서로 다시 보면 그때는 나아질까 모르겠지만, 기약을 못하겠소. 그리워하지 말고 편안히 계시오. 끝이 없어 이만. 섣달 스무나흗날. _____

학봉鶴峯 김성일(1538~1593)이 1592년 12월24일 안동 본가의 부인에게 보낸 한글편지다. 임진왜란 전투에 참전해 전투로 눈코 뜰 새 없이 바쁜 와중에도 시간을 내 안동의 부인에게 편지를 보내 부부간의 정을 표현하고 있다.

이 편지는 결국 서로의 마음을 나누는 마지막 편지가 되고 말았다.

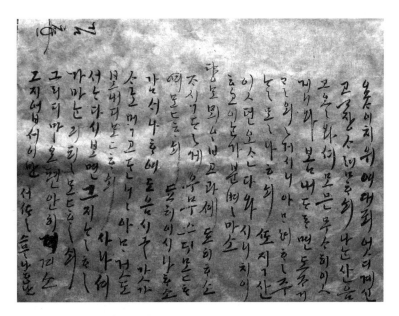

김성일이 아내에게 보낸 한글 편지

학봉은 4개월 후 진주성 공관에서 생을 마감하고 말았다.

　　김성일은 마음가짐이 굳세고 꿋꿋하며 학문이 독실했다. 모습은 고
상하고 위엄이 있으며, 행동거지는 가지런했다. 바른 말이 조정에 받아
들여지지는 않았으나 그 충성과 절개가 빼어나게 남달라서 다른 사람
들이 감히 다른 의견을 내지 못했다.

　　조선왕조실록에 기록된 김성일에 대한 평이다. 편지 내용을 통해,
이런 김성일의 또 다른 면모를 읽을 수 있다.

2장

자녀교육
인성 함양이 우선이다

마음을 건강하게 키우는 것이 중요하다 | 01

2010년 11월의 일이다. 새벽 잠결에 뭔가 툭 떨어지는 소리가 크게 들렸다. 별 생각 없이 다시 잠 속으로 빠져들려는데 곧이어 여인이 울부짖는 소리가 들렸다. "야야, 와카노 눈을 떠봐라." 그리고 다른 가족이 119에 전화하는 소리가 들려왔다. 아파트에서 투신했다며 빨리 와주기를 요청하는 다급한 목소리였다.

한국인의 자살률이 경제협력개발기구(OECD) 국가 중 가장 높다는 보도 등을 통해 우리 사회에 자살이 많다는 사실은 알고 있었지만, 직접 경험하니 기분이 묘했다. 왜 스스로 목숨을 끊으려고 하는 이들이 많아지고 있을까?

사람에게 가장 슬프고 고통스런 일은 자식이 먼저 죽는 일이라고 한다. 자식이 스스로 목숨을 끊는 일을 당하면 더할 것이다.

그런데 요즘 우리 세태를 보면 많은 사람들이 자식을 너무 나약하게 키우고 있는 것 같아 우려된다. 가장 고통스런 일을 자초하고 있는 양상이라 하겠다. 마음 건강은 생각하지 않은 채 오직 진학과 공부만 생각하고 성적이 떨어질까 전전긍긍하며, 평소 언행이나 마음 씀씀이에 대해서는 잘못이 있더라도 고쳐서 정신이 건강한 아이로 키울 생각은 별로 하지 않는 현실이다.

최근 들은 이야기다. 젊은 의사 부부의 남편이 어느 날 퇴근 후 아이가 울자 소리를 지르며 화를 냈고, 그로 인해 부인과 다투게 되었단다. 남편은 다툰 후 욕실로 들어가 샤워기에 목을 매 자살했고, 며칠 후 그 부인도 시어머니로부터 안 좋은 소리를 들은 후 아파트에서 뛰어 내려 이 세상을 하직했다. 이 이야기를 전하는 사람은 남부럽지 않게 사는 사람들이 왜 그렇게 작은 일로 목숨을 끊는지, 참으로 나약한 사람들이 아닐 수 없다며 안타까워했다.

이런 이야기도 들었다. 의사 청년이 부모의 반대에도 불구하고 한 여성과 결혼, 항상 목욕을 직접 시켜주는 등 부인을 공주 모시듯이 하며 살다가 다른 여성과 바람이 나고 이혼하게 되자, 버림받은 여성은 그 상황을 견디지 못해 어린 아들을 안고 아파트에서 투신했다는 것이다. 잘 알려지지 않아 그렇지 의사나 법조인 중 자살자가 비일비재하다는 얘기도 오고갔다.

어떤 삶이 진짜 건강한 삶인지 생각하게 하는 사례들이다. 평생 온실 속에서만 살 수 없는 것이 인생이다. 누구나 생노병사와 흥망성쇠를 겪게 되는 것이다. 온실 속 화초처럼 나약하게 아이를 키우는 일은 자식을 위하는 것이 아니라, 오히려 불행의 씨앗을 뿌리는 일임을 알아야 한다. 많은 성적 우수생들이 마음이 나약하고 이기적인 심성으로 사회 곳곳에 진출해 중추적인 역할을 할 것을 생각하면 마음이 편치 않다.

인터넷에는 여전히 수능 후 자살 관련 글들이 많이 올라오는 것을 본다. 그런 뉴스에 우울하지 않은 사람이 없을 것이다. 가정과 사회 모두 아이들의 마음을 건강하게 키우는 데 초점을 맞출 수 있기를 희망한다. 그래서 모두가 소중한 인생을 나름대로 잘 누리다가 낙엽이 지듯이 자연스럽게 삶을 마감할 수 있으면 좋겠다.

02 | '근勤'과 '검儉'
두 글자를 주노니

정약용 _____ 육자정陸子靜은 '우주 사이의 일이란 바로 자기 분수 안의 일이요, 자기 분수 안의 일은 바로 우주 사이의 일이다'라고 했다. 대장부라면 하루라도 이러한 생각이 없어서는 안 된다. 우리 인간의 본분이란 그냥 허둥허둥 넘길 수 없는 것이다.

사대부의 심사心事는 광풍제월과 같이 털끝만큼도 가린 곳이 없어야 한다. 무릇 하늘에 부끄럽고 사람에게 부끄러운 일을 전혀 범하지 않으면, 자연히 마음이 넓어지고 몸이 윤택해져 호연지기가 있게 되는 것이다.

만일 포목布木 몇 자, 동전 몇 닢 때문에 잠깐이라도 양심을 버리는 일이 있으면 그 즉시 호연지기가 없어지는 것이다. 이것이 바로 사람이 되느냐 귀신이 되느냐 하는 중요한 부분인 것이다. 그러니 너희들은 극히 주의하도록 하라.

다음으로 말을 조심하지 않으면 안 된다. 전체가 모두 완전하더라도 구멍 하나가 새면 이는 바로 깨진 옹기그릇일 뿐이요, 백 마디가 모두 신뢰할만 하더라도 한 마디의 거짓이 있다면 이건 바로 도깨비장난에 지나지 않는 것이니, 너희들은 아주 조심해야 한다. 말을 과장하여 떠벌리는 사람은 일반 사람들이 믿어주지 않는 법이니, 가난하고 천한 사람일수록 더욱 말을 참아야 한다.

우리 집안은 선세先世로부터 붕당에 관계하지 않았다. 더구나 곤경에 처한 때부터 괴롭게도 옛 친구들까지 연못에 밀어 넣고 돌을 던지는 경우를 당했으니, 너희들은 내 말을 명심하고 당사黨私의 마음을 깨끗이 씻어 버려야 한다.

큰 흉년이 들어 굶어 죽은 백성들이 수만 명이나 되므로 하늘을 의심하는 사람도 있으나, 내가 굶어 죽는 사람들을 살펴보니 대체로 모두 게으른 사람들이었다. 하늘은 게으른 자를 미워하며 벌을 내려 죽이는 것이다.

나는 전원을 너희에게 남겨 줄 수 있을 만한 벼슬을 하지 않았지만, 오직 두 글자의 신부神符가 있어서 삶을 넉넉히 하고 가난을 구제할 수 있었다. 이제 너희들에게 주노니 너희는 소홀하게 여기지 마라. 한 글자는 '근勤'이요, 또 한 글자는 '검儉'이다. 이 두 글자는 좋은 전답이나 비옥한 토지보다도 나은 것이니 일생 동안 써도 다 쓰지 못할 것이다.

그러면 '근勤'이란 무엇을 말하는가. 오늘 할 수 있는 일을 내일로 미루지 말며, 아침에 할 수 있는 일을 저녁때까지 미루지 말며, 갠 날에 해야 할 일을 비 오는 날까지 끌지 말며, 비 오는 날에 해야 할 일을 날이 갤 때까지 지연시켜서는 안 된다.

늙은이는 앉아서 감독할 바가 있고, 어린이는 다니면서 받들어 행할 바가 있으며, 젊은이는 힘 드는 일을 맡고 아픈 사람을 지키는 일을 하며, 아낙네는 밤 4경四更이 되기 전에 잠자리에 들지 않아야 한다.

이렇게 집안의 상하 남녀가 한 사람도 놀고먹는 식구가 없게 하고, 한

순간도 한가한 시간이 없도록 하는 것을 '근'이라고 한다.

'검儉'이란 무엇인가. 의복은 몸을 가리기 위해 취할 뿐이니, 가는 베로 만든 옷은 해어지기만 하면 볼품없어지고 만다. 그러나 거친 베로 만든 옷은 비록 해어진다 해도 볼품없진 않다. 한 벌의 옷을 만들 때마다 모름지기 이후에도 계속해 입을 수 있느냐 여부를 생각해야 한다. 만약 그렇게 하지 못하면 가는 베로 만들어 해어지고 말 뿐이다. 생각이 여기에 미치면 고운 베를 버리고 거친 베로 만들지 않을 사람이 없을 것이다.

음식이란 생명만 연장시키면 된다. 아무리 맛있는 횟감이나 생선도 입 안으로 들어가기만 하면 곧 오줌이나 똥이 되어 버린다. 그런 음식을 먹으려고 애쓴다면, 결국 대소변 보는 일에 정력을 소비하는 일일 뿐이다.

사람이 천지간에 살면서 귀하게 여기는 것은 성실함이니, 조금도 속임이 없어야 한다. 하늘을 속이는 것이 가장 나쁘다. 임금을 속이고 어버이를 속이는 데서부터 농부가 농부를 속이고 상인이 상인을 속이는 데 이르기까지 모두 죄악에 빠지는 것이다. 하지만 오직 하나 속일 게 있으니 바로 자기의 입이다. 아무리 보잘 것 없는 먹을거리로 속이더라도 잠깐 그때를 지나면 되니, 이는 괜찮은 방법이다.

금년 여름에 내가 다산에 있을 때 상추로 쌈을 싸서 먹으니 손님이 묻기를 "쌈을 싸서 먹은 게 절여서 먹는 것과 차이가 있습니까?"하더라, 내가 "이건 나의 입을 속이는 법일세."라고 말해 준 일이 있다.

어떤 음식을 먹을 때마다 모름지기 이런 생각을 가져라. 정력과 지혜를 다해 변소간을 위해서 애쓸 필요가 없으리라. 이런 생각은 눈앞의 궁한 처지를 대처하는 방편일 뿐만 아니라, 비록 귀하고 부유함이 극도에 다다른 사군자士君子일지라도 집안을 다스리고 몸을 바르게 하는 방법으로 이 '근'과 '검' 두 글자를 버리고는 손을 댈 곳이 없으니, 너희들은 반드시 가슴 깊이 새겨 두도록 하라.

경오년 9월에 다산의 동암에서 쓰다. _____

다산茶山 정약용(1762~1836)이 두 아들에게 준 편지 내용이다. 정약용은 18세기 실학사상을 집대성한 한국 최고의 실학자이자 개혁가이다. 그는 개혁과 개방을 통해 부국강병富國强兵을 주장한 인물이라 평가할 수 있다. 그가 한국 최대의 실학자가 될 수 있었던 것은, 자기 시대의 문제점을 정확히 파악하고 그에 대한 개혁 방향을 제시할 수 있었기 때문이다.

그는 오랜 시간 동안 귀양살이를 해야 했지만, 그것을 하늘의 뜻으로 받아들이고 인내와 성실, 끝없는 노력으로 엄청난 학문적 업적을 이뤄냈다.

03 나아감이 빠르면 물러남도 빠르게 된다

류성룡 _____ 편지를 보고 무사한 줄 알게 되니 마음에 위로가 된다. 이
곳도 또한 종전과 변함이 없다.

스님이 너희들이 새벽까지 글을 읽는다고 하던데 참으로 그런가. 고서
에 이르기를 '삼경에 이르기까지 잠을 자지 않으면 피가 심장으로 돌아가
지 않으며 그래서 여위고 파리해진다' 했다. 나아감이 빠르면 물러남도 빠
르게 되니, 느긋하게 여유를 가지고 꾸준히 나아가는 것의 유익함만 못하
므로, 기운을 헤아리면서 독서를 해 나에게 걱정을 끼치지 않도록 해라.

너희들 맹자를 읽었느냐. 학문은 정밀하게 사색하고 자세히 질문하는
것을 귀중하게 여긴다. 너희들은 언제나 깊이 사색을 하지 않기 때문에
의문이 일어나지 않으며, 의문이 일어나지 않기 때문에 질문을 하지 못하
는 것이다. 만일 이와 같이 한다면 책을 많이 읽은들 무슨 도움이 되겠는
가. 노력하기 바란다.

며칠 동안 너희들을 보고 싶은 생각을 참을 수가 없었다. 들리는 바로
는 조용하고 편안한 곳에서 글을 읽는다 하니 위로가 된다.

너희들은 학문을 닦는 일에는 그다지 노둔하지 않으므로 그런대로 남을 따라갈 수는 있으나, 옹졸함이 너무 심하고 기운이 세지 못하여 움츠러들고 물러나기를 좋아하면서 매양 남의 아래에 있으려고만 하는 것이 탈이다.

글을 읽고 외우는 여가에 마음을 다스리고 원기를 수양하는 공부를 잊지 않도록 해라. 그렇게 하면 모든 일이 용렬한 지경에까지는 이르지 않을 것이다. _____

서애西厓 류성룡(1542~1607)이 세 아들에게 보낸 편지들이다. 류성룡은 임진왜란으로 누란의 위기에 놓인 국가를 특출한 지혜와 충성심으로 구한 조선의 명재상이자, 평생 학문을 닦으며 걸출한 제자들을 많이 길러낸 대학자이다.

03 | 상자는 사고
구슬은 되돌려 주는 격이다

정경세 _____ 선방은 적막하고 고요해 글을 읽는 맛이 소란스러운 성부
城府에 있는 것과는 비교할 수가 없을 것으로 생각되어 몹시 기쁘다. 옛
사람의 시에 이르기를 '눈앞에 있는 못난 자식들, 어버이의 마음 필시 위
로하지 못하리라' 했는데, 이것이 바로 부모의 마음이다. 경서는 모름지
기 의미를 깊이 궁구해야만 바야흐로 유익함이 있을 것이다. 만약 과정에
따르고 기한에 맞추기 위해 전적으로 입으로 외우기만 힘쓴다면, 상자는
사고 구슬은 되돌려 주는 격이 될 것이니, 끝내 무슨 이로움이 있겠는가?
(1615년)

  며칠 전에 편지를 읽어보고 산중에 잘 도착한 것을 알았기에 마음에
몹시 위로가 된다. 선방의 해가 길어 글 읽는 맛이 있을 것이고, 집에 있
을 때의 정취와는 다를 것이다. 그러니 모름지기 촌음을 아껴 공부에 집
중하여 해이하고 게으른 마음이 끼어드는 일이 없도록 해라.
  사미승들이 혹시 장기를 몰래 가지고 있을지도 모르는데, 만약 그런
놀이를 한다면 날마다 공부하는데 크게 방해가 될 것이고, 또 중들에게
멸시를 받음이 적지 않을 것이다. 그러니 잘 경계해 그렇게 하지 않는다

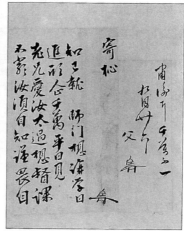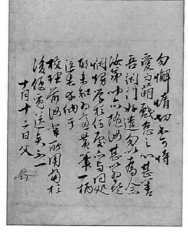

정경세가 아들에게 보낸 편지

면 아주 좋겠다. (1619년)

　너의 형이 올라오고 또 너의 편지가 도착했으니 나의 기쁜 마음을 어떻게 말로 다 표현할 수 있겠는가? 너의 편지를 보건대 말이 아주 통창通暢하여 지난번보다 훨씬 나아져서 더욱더 기쁘다. 그러나 몸에 병이 있으니 글을 읽는 데만 온통 뜻을 쏟지 않도록 잘 삼가서 기운을 기르고 병을 조섭하는 것을 위주로 한다면 좋겠다. 나는 설사병을 앓아 자못 고통스러워 말미를 받아 조리하고 있었다. 그러던 차에 갑자기 17일에 상변上變하는 자가 있어서 역옥逆獄이 또 일어났으므로 부득이 병을 무릅쓰고 나아가 숙배하였다. (1624년) ＿＿＿＿

　우복愚伏 정경세(1563~1633)가 아들에게 보낸 편지들이다. 상주 출신인 정경세는 조선 중기의 문신이자 대학자로, 서애 류성룡의 수제자이기도 하다. 조선 유학사에 큰 족적을 남기고 영남학파의 중심인물이었던 그는 대사헌과 대제학, 이조판서 등을 지내며 뛰어난 경륜과 학문으로 국왕이 선정을 펼치도록 하는데 큰 역할을 했다.

앉을 때는 | 05
반드시 무릎을 끓고

최흥원 _____ 너를 보낸 지 이미 수십 여일이나 되었는데 그 사이에 자고 먹는 일은 어떠하며, 읽는 것은 어떤 책이며, 보고 듣고 말하고 행하는 바는 또한 얼마나 되느냐? 네가 집에 있을 때 독서에 근면하지 않고 날마다 손해되는 자들과 어울려 결코 바랄만한 이치가 없었기 때문에 지금 현사賢師의 곁에 보내 거기에 머무르면서 학업에 종사하게 했다.

그러니 너는 능히 아비의 마음을 알아서 뜻을 독실하게 하고 학업에 근면하여 스승의 가르침을 진실로 따라야 하건만 어떤지 모르겠구나. '근근勤謹'이란 두 글자는 주자가 그 아들에게 바랐던 것이다. 내 또한 이 것을 너에게 바라니 너는 모름지기 문학에 부지런하고 언행을 삼가며, 훌륭한 벗과 친하여 조금도 방과放過하지 않도록 하는 것이 지극히 옳다.

그렇지 않으면 훗날 돌아와서 무슨 면목으로 부모와 친척을 보겠느냐? 아이 때 부모를 떠나면 돌아오고 싶은 마음에 이끌려서 학업에 전심하지 못하는 사람이 간혹 있으니, 이것 또한 너를 위해 염려가 된다. 하지만 만약 부지런히 공부해 학업이 성취되면 그 돌아오기가 쉬울 것이니, 학업을 부지런히 하는 것이 빨리 돌아오는 방도다. 그러니 힘쓰고 또 힘쓰도록 해라.

도지搗紙(다듬이돌로 다듬은 종이) 17장을 보내니 공책을 만들어 날마다 스승의 가르침을 적고 또 베끼고 싶은 것을 베끼되, 글자는 반드시 정밀하게 써서 훗날 돌아와서 아비에게 보이도록 해라. 무릇 분부하는 바에는 일일이 답을 하는 것이 옳다.

'앉을 때는 반드시 무릎을 꿇고, 입으로는 희학戲謔하지 마라'

아이 때 꿇어앉기를 익히지 않고 희학을 경계하지 않으면, 자란 뒤에 비록 행실 나쁜 사내가 되지 않으려 해도 어려울 것이다. 이 여섯 자를 써 보내니 의대衣帶에 차고 조석으로 열어 보고 행하도록 해라.

편지를 보고 자고 먹는 일이 편안함을 알았으니 크게 위안이 된다. 읽는 책이 아직 『소학』이고 근근勤勤함에 뜻을 두었다고 말하는데, 만일 그렇다면 가망의 이치가 없지는 않다. 그러나 너는 본래 처음에는 부지런히 하다가 끝에는 게을리 하는 병통이 있으니, 아마도 시종여일하지 못할까 두렵다.

또한 비록 읽는 것이 두 번 되더라도 사색을 깊게 하지 못해 심신에 익숙하지 않으면 일을 행하는데 도움이 없을 것이다. 반드시 모름지기 밤중에 그 배운 것은 고요히 생각해 일용日用하는 행사에 증험해야 바야흐로 현저하게 얻은 바 있을 것이다. 그렇지 않으면 읽은들 무슨 소용이 있겠느냐? 다시 모름지기 힘써라.

서법을 익히는 데 있어서는 너는 공부하지 않아서 글자를 쓰는 것이 정밀하지 못하다. 이는 단지 필법에만 지극히 해로울 뿐 아니라, 또한 조심하는데 방해됨이 적지 않으니 뒤에는 이와 같이 하지 말아라. _____

최흥원이 자신의 거처에 걸어두고 경계의 수단으로 삼은 「경(敬)」자패

　백불암百弗庵 최흥원(1705~1786)이 아들에게 보낸 편지 두 통이다. 최흥원의 호 중 '백불'은 주자朱子의 '백 가지를 모르고 백 가지가 능하지 못하다百弗知百弗能'이라는 말에서 '백불百弗'을 취한 것이다. 스스로 보잘 것 없는 사람으로 생각하고, 알고 행함에 끝없이 노력하겠다는 의미를 담고 있다. 대구에 살았던 최흥원은 벼슬길을 접고 유교적 이상 공동체를 일구는데 매진한 선비였다.

06 | 스스로 자신을
천시하고 있으니

정약용 _____ 천지 사이의 만물에는 자연적으로 온전하게 아름다운 것
이 있는데, 이러한 것들은 기이하다고 할 것이 못 된다. 오직 무너지고 훼
손되었거나 깨지고 찢어진 것들을 잘 보수하고 다스려서 아름답게 해야
만 그 공덕을 찬탄할 수 있는 것이다. 그러므로 죽을 병을 치료한 자를
훌륭한 의원이라 부르고, 위태로운 성을 구한 자를 뛰어난 장수라고 부
르는 것이다. 오늘날 높은 벼슬아치의 훌륭한 집안 자제들이 벼슬을 하
고 가문의 명성을 계속 유지하는 것은 어리석은 사람이라 하더라도 누구
나 할 수 있는 것이다.

너는 지금 폐족廢族인데 만일 그 폐족의 처지를 잘 대처해서 본래의 가
문보다 더 나아지게 한다면, 또한 기특하고 아름다운 일이 아니겠느냐?

그 폐족의 처지를 잘 대처한다 함은 무엇을 말하는가? 그것은 오직 독
서하는 것 한 가지뿐이다. 독서야말로 인간사에서 으뜸인 깨끗한 일로,
호사스런 부호 집안의 자제는 그 맛을 알 수 없고 또한 궁벽한 시골의
수재들도 그 오묘한 이치를 알 수 없다. 오직 벼슬아치 집안의 자제로서
어려서부터 듣고 본 바가 있고, 중년에 재난을 만나 너희들 처지와 같은
자라야 비로소 독서를 할 수 있는 것이다. 이는 저들이 독서를 하지 못한

다는 것이 아니라, 뜻도 모르고 그냥 읽기만 하는 것은 독서라고 이름을 붙일 수 없기 때문이다.

삼대 이상 경험이 없는 의원에게는 그 약을 복용하지 않는다 했으니, 문장 또한 그렇다. 반드시 대대로 글을 하는 집안이라야 문장에 능할 수 있는 것이다.

돌이켜 보건대 내 재주가 너희들보다 다소 낫다고 할 수 있겠지만, 어릴 때는 나아갈 방향을 알지 못했다. 열다섯 살이 되어서야 서울에 올라가 유학했으나 방랑하기만 하여 터득한 것이 없었다. 스무 살에 비로소 과거 공부에 전심했는데, 태학에 들어간 뒤로는 또 변려문에 골몰했다. 뒤이어 규장각에 예속되었는데 하찮은 문장학에 머리를 썩힌 지가 10년 가까이 되었다. 그 후에 또 교서관의 일로 분주했다.

곡산에 부임해서는 또 백성 다스리는 일에 온 정력을 기울이다가, 서울로 돌아와서는 신헌조·민명혁 두 사람의 탄핵을 받았다. 그 이듬해에는 정조께서 승하하시는 일을 만나게 되었다. 경향 각지로 분주히 돌아다니다가 지난 봄에 화를 당하게 되었으니, 거의 하루도 독서에 전념할 수 없었다.

그러므로 나의 시나 문은 은하수의 물로 세척한다 해도 끝내 과거용 문장의 기미를 씻을 수 없고, 그 중에 잘된 것이라 할지라도 관각체館閣體의 기미를 벗어날 수 없다. 그런데 내 수염과 머리는 이미 백발이 희끗해졌고 정력 또한 이미 쇠약해졌으니, 이 어찌 운명이 아니겠느냐?

가稼야, 너는 재주와 총명이 나보다는 조금 못하지만 네가 열 살 때 지은 글은 거의 내가 스무 살 때도 짓지 못했던 것이다. 그리고 근래 지은 것 중에는 오늘날 나로서도 지을 수 없는 것이 더러 있더라. 이는 네가 공부한 길이 멀리 우회하지 않았고 문견이 조잡하지 않기 때문이 아니겠느냐. 네가 곡산에서 돌아온 뒤로 나는 너에게 과문科文을 익히라고 했는데, 그 당시 너를 아끼던 문인이나 운사韻士들이 모두 내가 욕심이 많다고 탓했고 나 또한 스스로 겸연쩍었다. 지금 네가 이미 과거에 응시할 수 없게 되었으니 과문에 대한 근심은 잊게 된 것이다.

나는 네가 진사가 되고 문과에 급제했다고 여긴다. 글자를 알고 있으면서 과거에 대한 누가 없는 경우와 진사가 되고 급제를 한 경우 중 어느 경우를 취하겠느냐. 너는 진정 독서할 기회를 만난 것이다. 앞에서 내가 폐족의 처지를 잘 대처한다고 말한 것이 이것이 아니겠느냐?

포圃야, 너는 재주와 역량이 너의 형보다는 한층 못한 듯하나, 성품이 자상하고 사려가 깊으니 진실로 독서하는 일에 전념한다면 어찌 형보다 도리어 낫지 않겠느냐. 근자에 보니 네 문한文翰이 점점 진전되고 있기 때문에 그리 아는 것이다.

독서에는 반드시 근기根基를 세워야 한다. 학문에 뜻을 두지 않으면 독서를 할 수 없으니, 학문에 뜻을 둔다면 반드시 먼저 근기를 세워야 한다. 무엇을 근기라 하는가. 효제孝悌가 그것이다. 모름지기 먼저 효제를 힘써 근기를 세운다면 학문은 자연히 몸에 배게 되는 것이다. 학문이 몸에 배게 되면 독서는 따로 그 층절層節을 논할 것이 없다. … 내가 지난번에도 누차 말했지만 청족淸族은 비록 독서를 하지 않는다 할지라도 저절로 존경을 받게 되지만, 폐족이 되어 학문에 힘쓰지 않는다면 더욱 가증스럽지 않겠느냐? 다른 사람들이 천시하고 세상에서 비루하게 여기는 것도 슬픈데, 지금 너희들은 스스로 자신을 천시하고 비루하게 여기고 있으니, 이는 너희들 스스로가 비통함을 만들고 있는 것이다.

너희들이 끝내 배우지 않고 스스로 포기해 버린다면, 내가 지은 저술과 간추려 뽑아 놓은 것들을 장차 누가 모아서 책을 엮고 보존시키겠느냐? … 아무쪼록 이 점을 생각하고 경계 삼아, 온갖 방법을 다 써서 네 어머니의 마음을 기쁘게 하여라. 그리하여 두 아들은 효자가 되고 두 며느리는 효부가 된다면, 나는 유배지에서 그대로 늙는다 해도 유감이 없을 것이다. 열심히 노력하도록 해라. _____

다산 정약용이 1802년 강진의 유배지에서 두 아들에게 부친 편지다.

조선선비들의 **행복 콘서트**

2부

벗友
멋있는 동행이 있어 행복한 삶

1장

풍류와 멋
행복한 삶의 윤활유

멋진 술자리 | 01

천하명필 왕희지(307~365)가 중국 동진시대 회계 군수로 지낼 때다. 화창한 봄날, 회계산의 명승지 '난정蘭亭'에 명사들을 초청해 술자리를 펼쳤다. 정자 주위에 물길을 끌어들여 술잔을 띄우고 시 짓기 놀이를 했다. 즉흥시를 짓지 못하면 흘러오는 술잔을 벌주로 마셨다. 시상을 다듬으며 술을 자청해 마시기도 했을 것이다.

이날 지은 시를 모아 시첩을 묶으면서 그가 즉석에서 서문으로 쓴 글이 유명한 〈난정서蘭亭序〉다. 천하에 둘도 없는 명필이고 명문장으로 평가받고 있다. 난정서 글씨는 왕희지 자신이 보기에도 신기할 정도로 명품이어서, 맑은 정신으로 수없이 다시 써 보았으나 그렇게 써낼 수 없었다. 그 진본은 훗날 그것을 너무나 애호했던 당태종이 무덤에 넣어달라는 유언에 따라 무덤 속으로 사라졌다 한다.

성대한 악기 연주는 없어도, 한 잔 술에 시 한 수를 읊어 저마다의 그윽한 정서를 펴기에 족하구나.

〈난정서〉에 들어있는 문구다. 이날 펼쳐졌던 술자리 정도면, 멋진 술자리라 하겠다. 좋은 사람과 함께하는 술자리라면 다 즐겁겠지만, 이런 풍류가 더해진다면 더욱 멋지지 않겠는가.

몇 년 전 어느 봄날 저녁, 1차 술자리를 파한 뒤 한 친구와 함께 지인知人인 한학자 집에 들르게 됐다. 차를 마신 뒤 술자리를 마련했다. 마침 안동소주가 있어 개봉하고, 옛날 소반에 집안의 두부와 물김치, 배추김치로 간단한 술상이 차려졌다. 술이 한두 잔 돈 뒤 한학자에게 시창詩唱을 청했다.

기분이 괜찮았던지, 선뜻 중국 최고의 이별시로 꼽히는, 왕유 (699~759)의 시 〈송원이사안서送元二使安西〉를 읊기 시작했다.

> 위성의 아침 비 가벼운 먼지를 적시니渭城朝雨浥輕塵
> 객사의 푸릇푸릇한 버들 빛이 새롭다客舍青青柳色新
> 그대에게 권하노니 술 한 잔 더 마시게勸君更進一杯酒
> 서쪽으로 양관을 나서면 친구도 없을 테니西出陽關無故人

왕유가 위성에서 친구인 원이를 서역 먼 곳으로 떠나보내며 지은 시다. '양관陽關'이 있는 결구를 세 번 불렀다고 해서 〈양관삼첩陽關三疊〉으로도 통하는 이별노래다. 위성은 당나라 때 장안에서 서쪽으로 떠나는 사람들을 전송하는 이별의 장소로 유명하다. 이 시에 대한 배경과 내용을 지도를 펼쳐 보이며 설명한 뒤 부르는 그의 유장한 시창을 들으니, 절로 그 정취 속으로 빠져들었다.

이어서 '동방의 양관삼첩'으로 불리는, 고려시대 정지상(?~1135)의 '… 대동강물 언제 다할 것인가/ 이별의 눈물 해마다 푸른 물결에 더하는 것을'로 끝나는 〈송인送人〉을 노래했다. 흥이 일자 다시 '술을 마시려면 삼백 잔은 마셔야지會須一飮三百杯'라는 구절이 들어있는 이백의 〈장진주 將進酒〉도 불렀다.

멋진 분위기 속에 술잔을 비우다보니 모두 시간가는 줄 몰랐다. 술병은 비고, 어느새 시침은 새벽 3시를 넘어서고 있었다. 술로만 취하려는 우리의 '폭력적 술문화'를 생각해 보게 된다.

문자향 가득한 그대 서재를 찾아가
김치·두부 놓인 옛날 소반 앞에 놓고
술 한 잔에 시 한 수 읊는 소리
드문 흥취에 취해 시간 가는 줄 모르네
안동소주 술병 비니 아쉬움 달랠 수밖에

02 | 천명을 알고
즐기려는 것이네

조위 _____ 승평昇平(순천의 옛 이름)에는 동계東溪와 서계西溪가 있다. 동계는 계족산에서 흘러나온다. 여러 골짜기의 물이 나뉘어 두 가닥이 되는데, 동계는 남쪽으로 흘러 북원산 아래 이르러 합류한 뒤 동으로 꺾여 성동쪽 1리에 이르러 서계와 합쳐진다. 흰 모래에 푸른 바위가 있는데 물은 매우 맑게 찰랑거린다. 가을이 되면 은빛 물고기와 붉은 게가 수북한데 관아에서 이를 잡아 이득을 취한다.

서계는 난봉산 북쪽에서 나오는데 시우동時雨洞을 경유해 굽이굽이 돌아 흐른다. 동으로 성 남쪽을 에워싸고 흘러나와 연자교燕子橋 아래에서 동계로 흘러든다. 그 이름은 옥천이다. 여울물이 급하게 치달린다. 우묵한 바위와 괴상하게 생긴 돌이 많고 물살이 매우 사납다.

연자교를 지나 서쪽으로 강가를 따라 인가가 늘어서 있다. 대울타리를 세운 초가가 좌우에 즐비하다. 관음방觀音坊에서 100보쯤 올라가면 물이 더욱 맑고 돌은 더욱 기이해진다. 늙은 나무가 해를 가리는데 물가는 넓어서 수십 명이 앉을 수 있다. 한적하고 맑아서 한여름이라 하더라도 더위를 느끼지 못한다.

나는 승평에 도착한 뒤 임시로 서문 바깥에 살았는데, 우리 집과 매우

김명국 작 「의목관수(倚木
觀水)」, 조선시대

가까웠으므로 매일 고을의 여러 사람들과 자주 들르곤 했다. 이 때문에
바위를 쌓아 대를 만들고 그 이름을 임청대臨淸臺라 했다.

  세 노인과 교관校官 장자강張自綱 등과 약조해 진솔회眞率會를 만들었
다. 모임이 있는 날이면 들밥과 산나물 술 한 병을 늘어놓고, 개울의 고기
를 잡아서 탕과 회를 만들어 먹을 뿐이었다. 규정을 어기는 이는 벌을 주
었다. 밥을 먹은 후면 술은 몇 순배만 마셨다. 술을 마실 때는 잔을 주고
받는 일은 하지 않았다. 간단하고 검소하게 하는 것이 준비하기 쉽기 때
문이었다.

어쩌다 바둑도 두고 이야기도 하다가 날이 저물면 흩어졌다. 어떤 때는 지팡이를 짚고 달빛 아래 거닐다가 돌아오곤 했다. 이렇게 2년을 보내니 어떤 이가 말했다.

자네는 도연명의 〈귀거래사〉에 나오는 말을 가져와 이 대에 이름을 붙였는데, 시골 노인을 이끌고 이곳에서 기분 좋게 유유자적할 뿐, 시를 지어 마음껏 회포를 푸는 일은 한 번도 하지 않네 그려. 이는 그 이름을 헛되게 하는 것이요, 이 대를 외롭게 하는 것이 아니겠는가?

내가 이렇게 말했다.

흘러가는 것은 물과 같다고 공자께서 탄식하셨고, 물을 볼 때는 여울을 보아야 한다는 맹자의 가르침이 있소. 성현이 물가에 임해 물을 보는 데에는 참으로 뜻을 둔 곳이 있다네. 도연명이 전원으로 돌아가고자 한 이유는 천명을 알고 즐기려는 것이지 높은 곳에 올라가 시를 짓기 위해서만은 아닐세. 내가 이제 산천과 풍토가 아름다운 승평에서 사는데 매일 몇 사람과 함께 이곳에서 조용히 지내면서, 물을 움켜 낯을 씻기도 하고 바위에 걸터앉아 발을 씻기도 하였네.

맑은 물결에 임해 물장난을 치며 놀고 시원한 물에 얼굴을 비춰보고 남은 머리카락을 헤아린다오. 그렇게 문득 하루를 보내노라면 나이가 드는 것도 알지 못한다네. 어찌 꼭 시를 읊조리고 성률을 맞춘 다음에야 즐겁다고 하겠는가.

예전 유종원柳宗元이 영릉에서 살 때 산수를 매우 싫어했기에 개울

이름을 우계愚溪라 했고, 산을 수산囚山이라 하여 모두 나쁜 이름을 붙였으니 애당초 천명을 알았던 것은 아니라네. 소동파가 황강黃岡에 유배되어 있을 때는 무창산武昌山과 한계산寒溪山을 두루 살피고 두 편의 〈적벽부〉를 지어 고금에 필적할 데 없는 뛰어난 작품을 남겼지만, 끝내 세상을 등지고 신선을 사모한다는 뜻이 있음은 면치 못했소. 또 천명을 알았다고 말하기에도 부족하오.

오직 군자는 근심하지도 두려워하지도 않는다고 한 『논어』의 뜻을 배워 지극히 크고 지극히 강한 호연지기를 기른 다음에야 곤궁한 처지를 당하더라도 지조를 바꾸지 않게 될 것일세. 이러면 천명을 안다고 말할 수 있겠지. 나는 도연명을 사모하고 공자와 맹자를 배우는 사람으로, 여기에 뜻을 둔 지 오래라네. 그렇다면 내가 이 대에서 즐기는 것은 천명을 알기 때문이라고 할 수 있지 않겠는가?

아, 절로 이 고을이 있고 절로 이 산천이 있지만, 지도나 읍지에 그 빼어남을 싣지 못함이 한스럽다. … 예전에는 드러나지 못하다가 이제 드러나게 되었고, 명현에게는 대우를 받지 못하다가 우리들에게 대우를 받게 되었으니, 이 또한 이 개울의 행운이 아니겠는가. 임술년(1502년) 8월 하순 매계노수梅溪老叟가 적다. _____

매계梅溪 조위(1454~1503)의 임청대기臨淸臺記다. 조위는 김천 사람으로 일찍부터 시명詩名이 높았고, 매형 김종직의 문하에서 학문을 닦았다. 18세에 생원시와 진사시, 초시에 모두 장원으로 합격하며 명성을 날린 그는 사가독서의 영예를 얻는 등 출세가도를 달렸다. 하지만 그는 산수자연을 사랑하는 사람이었다. 불혹의 나이에 호조참판에 올랐으나, 오히려 고향으로 돌아가 개울가에 초당을 짓고 소나무, 국화, 매화, 대나무 등을 심고 '매계당梅溪堂'이라는 이름을 붙였다.

고향의 매계당과 서울 등을 오가며 살던 그는 1948년 무오사화가 일어나자 동문들이 죽임을 당하고 스승이 부관참시를 당하는 와중에, 자신도 명나라에 사신으로 갔다가 돌아오는 길에 압록강을 건너자마자 압송되어 의주로 유배되었다. 1500년 순천으로 유배지를 옮기게 된 그는 유배지에 임청대를 꾸미고 위와 같은 기문을 지은 것이다.

그는 임청대에서 노닐며 기문에서 밝힌 대로 세상 이치를 깨달아 즐기며 살다가 50세의 나이로 세상을 떠났다. '임청'이라는 말은 도연명이 지은 〈귀거래사〉의 '동쪽 언덕에 올라 휘파람을 불고, 맑은 개울에 임해 시를 짓노라登東皐以舒嘯 臨淸流而賦詩'라는 구절에 나온다.

갓을 벗어 던지고 노래를 부르다 | 03

박지원 _____ 22일 국옹麴翁과 함께 걸어서 담헌湛軒의 집에 갔는데 풍무風舞도 밤에 왔다. 담헌이 비파를 연주하자 풍무는 거문고로 화음을 맞추고, 국옹은 갓을 벗어 던지고 노래를 불렀다. 밤이 깊어지자 구름이 사방으로 흩어져 더위가 건듯 물러나 거문고 소리가 더욱 맑았다.

좌우에 앉은 사람들이 고요하니 말이 없는 게 마치 도가道家의 단丹을 닦는 이가 생각을 끊고 가만히 마음을 들여다보는 것 같고, 참선 중인 승려가 전생을 문득 깨치는 것 같기도 했다.

무릇 스스로를 돌이켜 떳떳하다면 삼군三軍과 맞설 수 있는 법이거늘, 국옹은 노래를 부를 때 옷을 풀어헤치고 턱하니 다리를 벌리고 앉아 방약무인하였다. 언젠가 매탕梅宕은 처마의 늙은 거미가 거미줄을 치는 것을 보고는 기뻐하며 나에게 이런 말을 한 적이 있다.

절묘하지 않습니까. 때때로 멈칫멈칫하는 것은 무슨 생각을 하는 것 같고, 때때로 잽싸게 움직이는 것은 흡사 득의한 바가 있는 것 같습니다. 보리씨 뿌릴 때의 발 모양 같기도 하고, 거문고 줄 누르는 손가락 같기도 합니다.

김홍도 작 「포의풍류(布衣風流)」, 조선시대

　지금 담헌과 풍무가 소리를 맞추는 모습을 보고, 내 비로소 늙은 거미에 대한 매탕의 말이 이해되었다.

　지난 여름 내가 담헌의 집에 갔을 때 담헌은 한창 악사樂師 연씨延氏와 거문고에 대해 이야기하고 있었다. 하늘은 비를 머금어 동쪽 하늘이 구름은 온통 먹빛이어서 한 번 우레라도 치면 금방 비가 쏟아질 참이었다. 이윽고 긴 우렛소리가 하늘을 지나갔는데, 담헌은 연씨에게 "저 소리는 어떤 음에 속할까요?"라고 묻더니, 마침내 거문고를 가져와 그 소리에 화답했다. 나는 이에 감발되어 '하늘의 우레'라는 노래를 지었다. ＿＿＿

연암燕巖 박지원(1737~1805)의 글이다. 국옹은 누구의 호인지 모르지만, 술을 몹시 좋아한 사람이었던 모양이다. 홍대용의 벗으로, 시와 글씨에 뛰어났다 한다. 담헌은 홍대용의 호다. 이 호는 홍대용의 스승인 김원행이 충청도 천원군 수촌에 있던 홍대용의 시골집 이름으로 지어 준 것인데, 홍대용이 자신의 호로 삼았다. 담헌은 자신의 집 정원인 '유춘오留春塢'에서 자주 악회樂會를 열었다고 한다.

풍무는 조선 후기 가객歌客이자 이름난 거문고 연주자였던 김억의 호다. 매탕은 이덕무의 호다. 연씨는 홍대용과 오랫동안 교유한 인물인 연익성延益成으로, 뛰어난 거문고 연주자였다.

『열하일기』『양반전』『호질』 등의 저서로 유명한 박지원은 당시 홍대용, 박제가 등과 함께 청나라의 문물을 배워야 한다는 이른바 북학파北學派의 영수로, '이용후생'의 실학을 강조했다. 특히 자유롭고 기발한 문체를 구사해 여러 편의 한문소설을 발표, 당시의 양반계층 타락상을 고발하고 근대사회를 예견하는 새로운 인간상을 창조함으로써 많은 파문과 영향을 끼쳤다.

04 | 늦게 오시면 물만 마시는 곤욕을 보게 될 것입니다

이규보 _____ 모某는 아룁니다.

전일 새벽에 일어나 책상 속에 간수했던 시고詩藁를 우연히 보다가 시권詩券 속에서 평소 교유하던 친구들의 이름을 보니 절반은 이미 죽고 나머지는 사방 천리에 뿔뿔이 흩어져 거의 소식도 듣지 못하게 되었기에, 그 사실을 생각하다가 나도 모르게 놀라 탄식했습니다.

중간에 함자진咸子眞과 오덕전嗚德全 등 두서너 친구를 만나 나이를 잊고 사귀었지만, 그들은 모두 장서長逝하였습니다. 이들은 선배이니 이치상 그럴 것이겠지만, 젊은 사람들이라 하더라도 앞일을 믿을 수가 없습니다. 사람 목숨의 연약함이 어찌 이와 같다는 말입니까.

오직 그대와 내가 다행히 둘 다 탈이 없이 날마다 어울리면서도 사이가 틀리거나 벌어진 일이 없었습니다. 그러나 인생은 모이고 흩어짐이 무상하기에, 오늘은 모였지만 내일은 또 각각 어디로 가게 될지 모릅니다. 그렇게 되지 않는 동안 한껏 재미나는 일을 다 하도록 해야 하겠습니다. 이밖에 무엇이 우리에게 관계가 있겠습니까?

지난 번 이군李君의 집에서 매우 유쾌하게 술을 마시고 부축을 받으며 돌아왔는데, 취중에 무슨 말을 했는지 모르겠습니다. 그대는 기억합니까.

다만 거나했을 때 소금素琴(장식 없는 거문고)을 가져오라 해서 탄 것만 기억납니다. 안화사安和寺의 환벽정環碧亭 맑은 정자에서 두 차례 술을 마실 때 저의 광태狂態가 어떠했습니까?

요사이 집에서 술을 빚었는데, 아주 향기롭고 텁텁하여 마실 만합니다. 그대들과 마시지 않을 수 있겠습니까? 더구나 지금 살구꽃이 반쯤 피었고 봄기운이 확 풀려 사람들을 도취시키고 다감하게 만듭니다. 이런 좋은 계절에 술을 마시지 않고 어쩌겠습니까? 이군이나 박환고朴還古와 함께 와서 마십시다. 그렇지 않으면 우리 집 술이 며칠 되지 않아 바닥 날 것이니, 늦게 오시면 물만 마시는 곤욕을 보게 될 것입니다.

황공하오며, 돈수頓首합니다.＿＿＿

고려시대 문인 이규보(1168~1241)가 1203년에 친구 전탄부全坦夫에게 보낸 편지다. 학문과 풍류를 나누던, 사랑하던 친구들을 잃은 상실감과 아쉬움을 이야기하면서 살구꽃이 반쯤 피어난 봄날, 술이 익자 마음 통하는 친구를 초대하고 있다. 편지 내용으로 보아 어떤 술자리, 어떤 풍류가 펼쳐질지 충분히 상상할 수 있을 것 같다.

뛰어난 문학적 재능을 지녔던 이규보는 방대한 규모의 개인 시문집인 〈동국이상국집〉을 남겼다. 말년에 특히 시와 거문고, 술을 좋아해 '삼혹호三酷好 선생'이라고도 불렸다. 전탄부는 생전에 이규보에게 편지를 보내, 이규보를 이백과 두보에 견주었다.

세상 사람들은 분분하게 동파(소식)를 본받으려 하고 있소. 수준에 못 미치는 자들은 아예 말할 것도 없고, 시로 세상을 울리는 아무개 같은 분들도 모두 동파를 본받되 시어를 도둑질할 뿐만 아니라 그 시의 詩意까지 탈취하고는 스스로 공교롭다고 생각하고들 있다오. 유독 그 대만은 옛사람들을 그대로 따르지 않기에 조어造語가 모두 신의新意를 창출해 남의 이목을 놀라게 할 만하므로 지금 세상 사람들에 비할 바가 아니구려.

바람 잘 드는 마루를 쓸어놓고 기다리겠소 | 05

허균_____ 형이 강화도에 계실 적에는 한 해 두어 차례 서울에 오실 때마다 저의 집에 줄곧 머무르면서 술을 마시고 시를 읊었으니, 인간 세상에서 정말 즐거웠던 일이었다오. 그런데 온 가족을 이끌고 서울에 오신 뒤로는 열흘도 한가롭게 어울린 적이 없어서 강화도에 계시던 때보다도 못하니, 도대체 무슨 까닭입니까?

못에는 물결이 출렁이고 버들 빛은 한창 푸르며, 연꽃은 붉은 꽃잎이 반쯤 피었고, 녹음은 푸른 일산에 은은히 비치는구려. 이즈음 마침 동동주를 빚어서 젖빛처럼 하얀 술이 동이에 넘실대니, 즉시 오셔서 맛보시기 바라오. 바람 잘 드는 마루를 쓸어놓고 기다리겠소. _____

허균(1569~1618)이 권필(1569~1612)에게 보낸 편지다. 아름다운 날, 동동주가 맛있게 익자 마음 맞는 사람을 초대하는 마음이 너무나 잘 드러나 있다. 초여름 바람 잘 드는 마루에 앉아 지음과 마음을 나눌 생각을 하는 것만으로도 더 이상의 부러워할 풍류가 없을 것 같다.

『홍길동전』의 저자로 잘 알려진 허균은 광해군 시절 대북파에 속해 반대파를 탄압하는데 앞장섰으나, 결국 대북파의 맹주 이이첨의 간계에 걸려 역적으로 몰려 사형을 당했다. 시류에 영합하지 않는 권필도 광해군 때 필화사건으로 곤장을 맞고 귀양을 가다가 동대문 밖 여관에서 죽었다.

위 편지는 권필이 42세 때 보낸 것이다. 이 편지를 보낸 뒤 얼마 후 허균은 진주사 부사로 명나라에 가게 되었다. 그해 3월 허균은 권필에게 이별 기념으로 시를 적어달라고 부탁했다. 해학이 묻어나는, 멋스러운 글이다.

내가 떠날 날이 앞으로 며칠 안 남았네. 만 리 멀리 떠날 여행 봇짐에 자네 글이 없어서는 안 되니 반드시 오언율시 여덟 수를 노자로 주게나. 한 수라도 줄이면 무정하다고 할 것이네. 형의 오언율시는 수준이 높은 것은 양양襄陽 맹호연의 작품과 같고, 수준이 낮은 것도 거비去非 진여의陳與義의 고상한 운율에 비해 손색이 없으니, 연경의 저자에 펴놓고 읽더라도 연燕나라·조趙나라의 비가悲歌에 대적할 만할 걸세. 부디 게을러서 짓지 못한다고 회피하지 말기 바라네.

흥이 나면 | 06
바로 나를 생각하네

이광사 _____ 그는 나를 위해 늘 좋은 술을 차려놓았다. 흥이 나면 바로 나를 생각했고, 생각하면 바로 말을 보내서 나를 찾았다. 나 또한 흔쾌히 그에게로 달려갔다. 문에 들어서면 손을 잡고 웃고 나서 마주볼 뿐 다른 말이 없었다. 책상 위의 책을 가져다주면 몇 구절 쓱 읽고 옛 종이를 펼쳐보았다. 그러면 그는 벌써 향을 사르고 두건을 뒤로 젖혀 차를 달였다. 차를 권하며 시간을 보내다 땅거미가 져서야 돌아왔다. _____

동국진체 완성자인 서예가 원교員橋 이광사(1705~1777)의 글 〈내도재기來道齋記〉에 나오는 대목이다. 글에서 '그'는 상고당尚古堂 김광수(1699~1770)다. 김광수는 호에서도 알 수 있듯이 호고好古의 취미가 있어 오래된 서화나 청동기 등 골동품을 수집하는 데 몰두했다.

김광수는 광범위한 지식을 토대로 서화와 골동을 전문적으로 수집하고 감상한 사람은 전에 없다고 할 수 있을 정도로, 조선에 미술품 소장의 붐을 일으켰다는 평가를 받는 인물이다.

그는 특히 원교 이광사와 교유가 각별했는데, 두 사람은 지금의 서울 서대문 네거리 부근에 집을 마련, 이광사를 수시로 불러 함께 했다.

신한평 작 「이광사 초상」, 조선시대

내도재來道齋라는 집이 그곳인데, '내도'는 도보를 오게 한다는 의미다. 도보道甫는 이광사의 자다. '이광사를 불러 머물게 하는 집'이라는 뜻이다. 친구를 만나기 위한 집을 따로 만들 정도로 우정이 각별했던 것이다.

이런 인물인 김광수는 자신이 죽은 뒤에 쓸 묘지명을 직접 쓰고 이광사에게 글씨를 부탁했다. 김광수가 쓴 자명自銘 일부다.

좋은 가문에 태어나 번잡하고 호사스러움을 싫어해
법과 구속을 벗어나 물정에 어둡고 편벽됨에 빠졌다
괴기한 것을 좋아하는, 고칠 수 없는 벽癖을 가져
옛 물건과 서화, 붓과 벼루, 그리고 먹에 몰입했다
돈오의 법을 전수받지 않았어도 꿰뚫어 알아

진위를 가려내는 데 털끝만큼도 어긋남이 없었다

가난으로 끼니가 끊긴 채 벽만 덩그러니 서 있어도

금석문과 서책으로 아침저녁을 대신했으며

기이한 물건을 얻으면 가진 돈을 당장 주어버리니

벗들은 손가락질하고 식구들은 화를 냈다

…(중략)…

몸이 늙어 죽음과는 종이 한 장 차이지만

뼈는 썩을지라도 마음은 사라지지 않으리

시시콜콜한 생몰연대는 토끼의 뿔 같은 것

이름과 자를 대지 않아도 나인 줄 알리라

이광사는 소론이 영조의 등극과 더불어 실각함에 따라 벼슬길에 나가지 못했으며, 50세 되던 해인 1755년 소론 일파의 역모사건에 연좌되어 부령富寧에 유배되었다가 신지도薪智島로 이배移配되어 그 곳에서 일생을 마쳤다.

하곡霞谷 정제두(1649~1736)에게 양명학陽明學을 배웠고, 백하白下 윤순(1680~1741)의 문하에서 필법을 익혔다. 시·서·화에 모두 능하였으며, 특히 글씨에서 그의 독특한 서체인 원교체圓嶠體를 이룩하고 후대에 많은 영향을 끼쳤다.

07 | 그림을 팔아 매화와 술을 사니

조희룡 _____ 단원 김홍도는 외모가 수려하고 풍채가 좋았으며, 또한 도량이 넓고 성격이 활달해했다. 그는 술을 매우 좋아하였으며, 성격이 부드러우면서도 소탈하여 사람들은 그를 신선 같은 인물이라 불렀다.

김홍도는 살림이 늘 가난해서 아침저녁으로 끼니 걱정을 하는 때가 많았다. 어느 날 좋은 매화 한 그루를 보고 그것을 사고 싶어 하는 마음이 간절했지만 돈이 없어 살 수가 없었다. 그러던 차에 때마침 그의 그림을 원하는 사람이 찾아와 그림 값으로 3천냥을 주고 갔다. 단원은 그중 2천냥으로 매화를 사고 8백냥으로 술 여러 말을 사다가 친구들을 불러 매화를 감상하며 술을 마시고 시를 읊었다. 그 술자리를 '매화음梅花飮'이라 했다. 그리고 남은 돈 2백냥으로 쌀과 나무를 집에 들였으나 하루 지낼 것밖에 안되었다. _____

문인화가인 우봉又峯 조희룡(1797~1859)이 남긴 〈호산외사壺山外史〉 등에 나오는 내용이다. 단원의 매화 사랑을 알 만한 이야기다.

매화는 이른 봄 모든 초목이 움츠리고 있을 때 홀로 아름다운 꽃을 피워 맑고 그윽한 향기를 퍼뜨린다. 이런 매화의 성품은 지조와 절개,

김명국 작 「탐매(探梅)」, 조선시대

맑음 등 군자가 추구하는 덕목과 상통하는 것이어서 선비들은 누구나 매화를 특히 좋아하고 그 성품을 닮고자 했다.

다양한 매화그림으로 유명한 우봉 조희룡 역시 매화를 너무나 좋아했다. 그의 자서전이라할 〈석우망년록石友忘年錄〉에 다음과 같이 적고 있다.

나는 매화에 대한 편벽偏僻이 있다. 스스로 매화대병梅花大屛을 그려 침실에 두르고, 벼루는 매화를 읊은 시가 새겨져 있는 매화시경연梅花詩鏡硯을 사용하고, 먹은 매화서옥장연梅花書屋藏煙을 사용한다. 매화백영梅花百詠을 본따 시를 짓고 내가 거처하는 곳에 매화백영루梅花百詠樓라는 편액을 단 것은 매화를 사랑하는 내 뜻에 흔쾌히 마땅한 것이지 갑자기 이룬 것은 아니다. 시를 읊다가 목이 타면 매화편차梅花片茶를 달여 마셨다.

그가 남긴 수많은 명작 매화그림은 이처럼 지극한 매화 사랑에서 탄생한 것이다.

퇴계 이황의 매화 사랑 또한 유명하다. 평생 매화를 사랑한 퇴계는 75제 107수에 달하는 매화시를 지었고, 살아생전에 손수 〈매화시첩梅花詩帖〉을 편찬하기도 했다. 매화시첩에는 91수가 수록돼 있다.

그는 운명하기 몇 시간 전 시중을 드는 사람에게 "매화분에 물을 주도록 해라."고 했다. 음력 12월8일 오후 6시경에 별세했는데, 당시 그의 방 윗목에는 그가 애지중지했던 매화분이 놓여 있었고, 매화분에는 몇 개의 꽃망울이 금방 향기를 터뜨릴 듯이 부풀어 있었다. 임종을 앞두고 한 이 말은 이황의 매화에 대한 애정을 응축하고 있다 할 것이다.

"내 평생 즐겨하는 것이 많으나 매화를 지독하게 좋아한다我生多癖酷好梅"고 한 퇴계는 설사를 만나 방에 냄새가 나게 되자 "매형梅兄에게 미안하다."면서 매화분을 다른 곳으로 옮기게 한 뒤, 환기를 시키고 매화분을 다시 정갈하게 씻도록 하기도 했다.

이황은 매화가 한창이면 밖에 나가 시간 가는 줄도 모르고 매화를 완상했다. 그의 시 〈도산월야영매陶山月夜詠梅〉는 이런 자신의 모습을 읊고 있다.

　　나막신 신고 뜰을 거니노라니 달이 사람을 좇아오네
　　매화꽃 언저리를 몇 번이나 돌았던고
　　밤 깊도록 오래 앉아 일어나기를 잊었더니
　　옷 가득 향기 스미고 달그림자 몸에 닿네

이황은 〈매화시첩〉을 통해 자신의 매화관梅花觀을 표현하고 있다. 그는 매화를 옥玉과 빙설氷雪에 비유하고, 소수疏瘦한 자태에 각별한 관심을 보였다. 여기에서 옥은 청정투명淸淨透明을, 빙설을 결백냉담潔白冷淡을, 소수는 빈한인고貧寒忍苦를 의미한다. 퇴계는 또 매화의 품성을 진眞·정貞·견堅·고苦로 요약하고 있다.

08 | 줄 없는 거문고를 어루만지며

이규보_____ 옛말에 이르기를 거문고는 악樂의 으뜸이라 하고, 군자가 항시 사용하여 몸에서 떠나지 않는다 하였다. 나는 군자가 아니지만 거문고 하나를 간직하고 줄도 갖추지 않고서 어루만지며 즐겼더니, 어떤 손님이 이것을 보고 웃고는 얼마 후 줄을 갖추어 주었다. 나는 사양하지 않고 받아서 길게 혹은 짧게 타며 마음대로 가지고 놀았다. 옛날 진나라 도연명陶淵明은 줄이 없는 거문고를 두고 그 뜻을 밝힐 뿐이었는데, 나는 이 구구한 거문고를 가지고 그 소리를 들으려 하니 어떻게 옛 사람을 본받아야 하겠는가?_____

이규보의 『동국이상국집東國李相國集』에 나오는 글이다. 대부분의 선비들은 글을 통해 두보나 도연명, 소동파의 풍류를 잘 알고 있기에 자신들도 그런 풍류를 즐기려 했다. 그런 마음에서 줄 없는 거문고, 즉 무현금을 타면서 스스로 취하기도 했던 것이다. 시, 거문고, 술을 너무 좋아하여 '삼혹호三酷好 선생'이라고 불렸던 이규보의 이 글에서도 이 같은 점이 잘 드러나고 있다. 이규보는 또 '적의適意'라는 시에서 다음과 같이 읊었다.

홀로 앉아 금琴을 타고 홀로 잔 들어 자주 마시니

거문고 소리는 이미 내 귀를 거스르지 않고

술 또한 내 입을 거스르지 않네

어찌 꼭 지음知音을 기다릴 건가

또한 함께 술 마실 벗 기다릴 것도 없구려

뜻에만 맞으면 즐겁다는 말

이 말을 나는 가져 보려네

　옛 선비들은 자연과 더불어 풍류를 즐기는 것을 기본적인 교양처럼 여겼고, 그것은 인격 수양의 중요한 방편이기도 했다. 풍류에는 여러 사람과 더불어 즐기는 것이 있고, 다른 사람들의 간섭을 받지 않는 호젓한 장소에서 혼자 즐기는 풍류가 있다. 혼자 즐기는 풍류에서 빼 놓을 수 없는 것이 바로 거문고였다.

　조선 초기의 학자 성현成俔(1439~1504)에 얽힌 다음과 같은 일화 속에서도 거문고와 더불어 혼자 즐기는 풍류의 일면을 살필 수 있다. 조선 인조 때 문신인 박동량이 지은 〈기재잡기奇齋雜記〉에 나오는 이야기다.

　홍정洪正이라는 사람이 성현의 아들인 우의정 성세창成世昌과 친숙했다. 그가 어느 눈 내린 밤에 성세창을 찾아가 동쪽 언덕 별실의 한가한 창문 아래서 오순도순 이야기를 나누고 있는데, 한밤중에 뜰 가에서 거문고 소리가 들렸다.

이경준 작 「탄금관월(彈琴觀月)」, 조선시대

창구멍으로 가만히 내다보았더니 한 늙은이가 매화나무 밑에 눈을 쓸고 앉아 하얀 백발을 날리면서 거문고를 타고 있었다. 그 손가락 끝에 울려 나오는 맑은 소리는 지극히 기이하였다. 그 사람이 자신의 아버지라고 성세창이 말하였는데, 어느새 당堂에 손님이 있는 것을 알았는지 그 노인은 서둘러 거문고를 거두어 가지고 들어가 버렸다. 홍정은 이 장면을 다음과 같이 적어 남겼다.

그때 달빛이 밝아 대낮같고 매화가 만개했는데 백발이 바람에 날려 나부끼고 맑은 음향이 매화향기를 타고 흐르니, 마치 신선이 내려온 듯 문득 맑고 시원한 기운이 온 몸에 가득함을 느꼈다. 용재(성현의 호) 선생은 참으로 선골유골仙骨遺骨의 풍류객이라 할 만하다.

밝은 달빛이 눈 덮인 천지를 비추는 밤에 흰 꽃이 핀 매화나무 고목 아래, 백발의 노인이 홀로 앉아 거문고를 뜯고 있는 정경이 그려진다. 동양적인 멋과 아름다움, 풍류의 극치라 하겠다.

거문고가 시詩, 주酒와 함께 풍류 생활의 필수적인 요소로 사랑을 받았던 것은 그것이 선비들에게 있어 단순한 악기 이상의 의미를 지니고 있었기 때문이었다. 성현과 군자들은 거문고 소리는 선한 마음이 우러나게 해 사악한 생각이 생기는 것을 막아 준다고 여겼기 때문에 거문고를 타면서 항상 조심하며 사악한 것과 금할 것을 절제했다.

공자는 사양師襄이라는 사람에게 거문고 타는 법을 배웠는데, 거문고를 배우는 것은 기술을 배우는 것이 아니라 사람의 마음을 배우는 것이라고 말한 바가 있다.

이덕무李德懋는 〈청장관전서〉에서 다음과 같이 노래했다. 여기서도 알 수 있듯이 옛 성현이나 선비들이 거문고를 즐기는 뜻은 단순한 기예의 연마에 있는 것이 아니라 마음의 도를 배우고 터득하는데 있었다.

겨를이 있는 날이면 탄금과 독서로 즐기고, 다만 차가 끓고 향기가 맑은 것을 기뻐하며, 높은 벼슬 보기를 뜬구름같이 여기니, 어찌 밤이 다하여 새벽종이 울리는 것을 근심하랴.

2장

교학상장의 즐거움
서로 사모하니 참으로 행복하네

얼마나 유연한지를 생각한다 | 01

생기 넘치는 신록. 그 본질은 부드러움이다. 유연함이다. 봄은 부드러움의 세상이다. 특히 수양버들을 보면 연둣빛의 아름다움과 함께 그 유연함이 항상 부럽다. '나는 얼마나 유연한가'를 생각한다.

2009년 봄 절친한 벗과 술자리를 함께 했다. 술기운이 더해 가는 가운데 이런 저런 주제에 대해 약간은 열띤 대화를 나누던 중, 한 친구가 말했다. '절대'라는 말은 쓰지 말라고. 순간 정신이 번쩍 들었다. 유연한 마음을 유지하려고 나름대로 노력한다고 생각했기 때문이다. '아직 멀었구나'라는 생각이 스쳤다. '절대'라는 말을 쓰면서 내 생각을 강요하는 면을 못 버리고 있음을 확인할 수 있었던 것이다.

생명체는 생명이 다하면 부드러움을 잃고 굳어진다. 사람과 동물의 몸이나 초목이 다 그렇다. 우리의 마음은 어떨까. 마음도 유연함을 잃으면 죽은 것이나 다름없지 않을까.

아집과 독선에 빠져 마음이나 사고가 경직되면, 주위 사람에게 자신의 생각을 강요하게 되고 다른 사람의 지적이나 비판을 받아들이기 어렵게 된다. 그러면 자식이나 배우자, 동료나 부하 직원의 건강한 성숙과 삶을 해친다. 가정과 조직에 해로운 존재가 된다.

어느날 우연히 TV에서 보니 인도의 한 사원에서는 힌두교는 물론 이슬람교, 기독교, 조로아스터교 등 여러 종교 신도들이 함께 어울려 순차적으로 예배를 드리는 것이었다. 정말 보기가 좋았다. 유연한 마음과 사고가 아니면 가능한 일이겠는가.

나이가 들수록 몸은 굳어지더라도 마음은 점점 유연해지는 것. 우리가 지향할 바가 아닌가 싶다. 유연한 마음은 모든 것을 수용한다. 사랑과 자비, 배려와 칭찬도 유연함에서 온다. 모두가 원하는 행복과도 직결된다. '나'가 없는 완전한 부드러움에 이르는 것이 곧 해탈이고, 천국에 이르는 것일지도 모른다.

유연한 마음은 어떻게 만들어갈 것인가. 끝없이 노력하는 수밖에 없다. 몸 만들기에 애쓰듯이, 수시로 반성하고 마음을 챙기며 '유연한 마음 만들기'에도 신경 쓸 일이다. 보다 살만한 인간세상을 위해 가장 필요한 일이 아닐까 싶다.

스승의 말씀을 뼈에 새기고 | 02

황상 _____ 가르침의 보람, 배움의 즐거움을 말해주는 감동적인 이야기가 있다. 정약용과 제자 황상 사이에 있었던 일이다. 다산 정약용이 강진에 유배생활을 할 때다. 황상이 정약용을 찾아 가르침을 받고자 했다. 당시의 일을 정약용의 아들 정학연은 다음과 같이 묘사했다.

아버님께서 순조 신유년(1801년)에 화를 만나 강진에 귀양 가서 몇 년 동안 고을 사람과 접촉하지 못하셨다. 임술년(1802년)에 총각머리로 문앞을 지나가는 자중子中(황상의 자)을 처음 보게 되었다. 비록 뿔송곳을 차고 다니는 아동이었지만, 뛰어나서 얽매임이 없는 모습을 보고 평범하고 녹록한 아이가 아니라고 생각하셨다. 마침내 책을 끼고 오는 여러 학동 가운데서 특별히 불러 말을 건네시고는 몹시 기특하게 여기셨다. 자중도 한 번 뵙고는 배우고자 하는 뜻을 굳게 가져 그날부터 스승으로 모시며 잠시도 떨어지지 않았다. 경전과 사서를 뽑아서 읽었는데 명을 거스름이 없이 10년을 하루같이 배웠다.

평범한 시골 아이 황상은 15세 되는 임술년 10월10일, 이렇게 강진의 한 주막에 머물고 있던 다산과 첫 만남을 시작, 평생 스승을 가르침을 잠시도 잊지 않고 실천하는 삶을 살게 된다.

황상은 이날부터 60주년이 되는 임술년(1862), 75세의 노인이 되어 그때를 회상하며 〈임술기〉를 썼다.

내가 스승님께 배운 지 이레 되던 날, 스승님은 문사文史를 공부하라는 글을 내려주며 말씀하셨다.

"산석山石(황상의 아명)아 문사를 공부하도록 해라."

나는 머뭇머뭇 부끄러워하며 말씀을 올렸다.

"제게 세 가지 병통이 있습니다. 첫째는 둔하고, 둘째는 앞뒤가 꽉 막혔고, 셋째는 미욱합니다. 분별력이 없는 것입니다."

그러자 스승님은 말씀하셨다.

"공부하는 자들이 가지고 있는 세 가지 병통을 너는 하나도 가지고 있지 않구나. 첫째는 기억력이 뛰어난 병통으로, 공부를 소홀히 하는 폐단을 낳는다. 둘째는 글 짓는 재주가 좋은 병통으로, 허황한 데로 흐르는 폐단을 낳는다. 셋째는 이해력이 빠른 병통으로 거칠게 되는 폐단을 낳는다. 둔하지만 공부에 파고드는 사람은 식견이 넓어지고, 막혔지만 잘 뚫는 사람은 흐름이 거세지며, 미욱하지만 꾸준히 잘 닦는 사람은 빛이 난다.

파고드는 방법은 무엇이냐. 근면함이다. 뚫는 방법은 무엇이냐. 근면함이다. 닦는 방법은 무엇이냐. 근면함이다. 그렇다면 근면함은 어떻게 지속하느냐. 마음가짐을 확고히 하는데 있다."

그때 스승님은 동천여관에 머물러 계셨고, 나는 나이 15세 소년으로 아직 관례冠禮도 올리지 않았다. 스승님의 말씀을 마음에 새기고 뼈에 새겨 감히 잃어버릴까 두려워했다. 그로부터 61년의 세월이 흘렀다. 그 사이 더러 책을 놓고 쟁기를 잡을 때도 있었지만, 그 말씀만은 늘 마음속에 간직하고 있다. _____

용기와 자신감을 북돋워주는 스승의 격려에 힘입어 평생 그 가르침을 실천에 옮긴 황상은 시골 소년에서 훌륭한 시인이 되고, 복된 삶을 살 수 있게 된 것이다. 황상은 시골 강진의 아전 자제였지만, 그의 작품에 대해 추사 김정희가 '지금 세상에 이러한 작품은 없다'라고 칭찬할 정도였다.

03 | 퇴계 선생의
말씀을 읽고 보니

정약용 _____ 제자 황상에게 큰 가르침을 준 다산은 퇴계 이황의 편지 글을 읽고 큰 가르침을 얻는다. 30대 시절 일이다. 다산은 퇴계 이황의 가르침을 직접 받을 수는 없었지만, 이황을 흠모해 그 가르침을 배우고자 애쓴 인물 중 하나다.

정약용은 충청도 청양에서 벼슬생활을 할 때, 날마다 아침 일찍 일어나 이황의 편지 글 한 편을 읽으며 가르침을 받는 한편, 그 독후감을 써서 모아두었다. 나이 34세 때 일이다. 이 글들은 나중에 〈도산사숙록陶山私淑錄〉이라는 이름의 책으로 묶어졌다.

어느 날 다산은 이황이 1563년 이중구에게 답한 다음 편지를 읽게 된다.

제가 쓴 도산기와 도산잡영陶山雜詠이 그대의 책상 위에까지 올라갔다고 하니 너무나 땀이 나고 송구스럽습니다. 이런 것들은 본래 지어서는 안 되지요. 산에 사는 사람에게 아무 일이 없다 보니 그저 필묵으로 장난을 치며 즐긴 것뿐입니다. 글상자에 감춰두고 아이들에게도 보여주지 않았습니다.

그러던 중 뜻을 같이하는 벗 여럿이 멀리서 나를 찾아와 사흘 밤을 자고 갈 때 선물할 것이 없어서 경계를 깨뜨리고 꺼내 보여주었습니다. 벗들이 가져가겠다고 조르기에 막지 못하고 퍼뜨리지나 말아달라고 간곡히 부탁했지요. 그런데 벗들이 내 말을 아랑곳하지 않고 남에게 보여주었나 봅니다. 아니면 그 글을 베낄 때 아이들이 베껴서 내보냈는지도 모릅니다. 남이 모르게 하려면 차라리 짓지 않는 게 낫다고 합니다. 이미 짓고 다시 비밀에 부치는 짓은 옛사람이 비웃을 바인데, 제가 이러한 경계를 범하고 말았습니다.

정약용 작 「매조(梅鳥)」, 조선시대

자신의 시가 남에게 읽힌다는 이야기를 듣고서 자신의 경솔함을 자책하고 있는 내용이다. 다산은 이 편지를 읽고 난 소감을 다음과 같이 적었다.

나는 평소에 큰 병통이 있다. 무릇 생각한 것이 있으면 바로 글로 지어내고, 지은 것이 있으면 남에게 보이지 않고는 못 베기는 버릇이다. 생각이 떠오른 즉시 붓을 잡고 종이를 펴서 잠시도 머뭇거리지 않고 써내려가고, 글을 짓고 나서는 스스로 사랑하고 스스로 좋아한다. 문자를 조금이라도 아는 사람을 만나면 내 주장이 흠이 없는지 편벽되지는 않은지 물어보기 위해, 만난 사람이 가까운지 먼지를 미처 헤아리지 않고 급히 보여주려고 건넨다.

그러므로 남에게 한바탕 말하고 나면 뱃가죽 안과 상자 속에는 한 가지 물건도 남아 있는 것이 없다. 그로 인해 정신과 기혈이 흩어지고 새어 나가서 쌓이고 익어가는 맛이 전혀 없는 듯하다. 그리하고서야 어찌 성령性靈을 함양하고 몸과 명예를 보전할 수 있겠는가?

요즘 와서 점검해보니 모두가 '가볍고 얇음輕淺' 두 글자가 빌미가 된 결과다. 이것은 덕을 숨기고 수양하는 공부에 크게 해로운데 그치지 않는다. 비록 주장이 현란하고 글 솜씨가 화려하다 해도 차차로 천박하고 값싸져서 남에게 존중을 받지 못하게 된다. 지금 선생의 말씀을 읽고 보니 느끼는 바가 한결 크다. _____

그대의 인품을 사모해 취하듯 합니다 | 04

홍대용_____ 대용大容은 돈수합니다. 초가을에 올린 편지는 받아보셨습니까. 봄바람 불 때 작별했는데, 어느덧 서리 내리는 시절이 되었습니다. 매양 그리워 탄식이 가슴에 가득합니다. 이 서늘한 계절에 기거가 안녕하신지요. 신명神明이 보호하여 온갖 복을 받으시고 한가로이 정양靜養하여 날로 고명하여지시리라 생각합니다.

제가 듣건대, 벗이란 서로 선善을 책려責勵하고 인仁을 보도輔導하는 것이라 합니다. 대개 선과 인이라는 것이 사람의 사람 된 이유로 하루도 걸러서는 안 되는 것입니다. 그리고 그 선과 인을 추구하는 사람은 또한 선을 책려하여 주는 사람이 없이는 학문에 힘쓸 수 없고, 인을 보도하여 주는 사람이 없이는 덕성을 진취할 수 없는 것입니다. 이 점이 바로 벗이 소중한 까닭이며, 군신이나 부자와 함께 오륜 속에 드는 까닭입니다.

지금 세상의 이른바 벗이라는 것은 어깨를 치고 소매를 잡아 서로 어울리지만 외모만 같이하고 마음은 달리하며, 예절을 찾으면 소원하다 하고, 어려운 일을 책임지우면 오활하다 하며, 환심 사는 것만을 서로 좋게 여기고, 세력과 이해로써 서로 부르고 서로 얼리며, 향원鄕原(모두에게 호인이라 일컬어지지만 올바른 덕성을 지니지 못한 인물)이 되어가면서도 잘못이라 여기지 않습니다. 이런 것도 벗이라 할 수 있으며, 그러고도 군신·부자의 오륜 속에 들어갈 수 있겠습니까?

제가 한 번 형을 만나보고서는 덕량德量의 크고 활달함과 기풍의 소탈하고 쇄락함을 사랑하고 사모하여 마치 마음으로 취하듯 하였습니다. 그러므로 마음을 기울여 교분을 맺어, 책선하여주고 보인하여주실 것을 바라는 것입니다. 명성이나 세리勢利와는 상관이 없는데다 환심만 사는 짓은 하지도 않으려고 합니다. 이는 그 뜻이 본디 통속적인 경박한 습속에 있지 않기 때문입니다.

하지만 산과 바다가 막히고 길이 멀어 가르침을 손수 받을 수가 없기에, 기풍을 사모하면서 스스로 권면하기를 오직 서신에 의지할 뿐입니다. 세세한 그리운 생각이야 말한들 무엇 하겠습니까. 오직 노형께서 나를 책선하여 주고 보인해 주시며 아프게 꾸짖고 가르쳐서 나로 하여금 자경自警·자수自修하게 함으로써 소인됨을 면하게 해주시면 다행이겠습니다.

———

담헌湛軒 홍대용(1731~1783)이 1765년 중국의 항주 출신 학자 육비陸飛(1719~?)에게 보낸 편지다. 서로가 선과 인을 이루도록 도우는 사이가 진정한 벗이라는 생각을 말하고 있다.

홍대용은 진정한 지식인이자 과학사상가였다. 그는 1766년 청나라로 가는 사신단으로 연경에 가서 육비뿐만 아니라 엄성嚴誠(1732~1767)·반정균潘庭均(1742~?)과 사귀었는데, 그들과 죽은 후에도 서로 잊지 못하는 사이가 되었다.

홍대용은 말이 통하지 않았지만, 그들과 필담으로 지식을 공유하고 우정을 쌓아 서로 의형제까지 맺었다. 후일 엄성이 세상을 떠난 사실을 알게 된 홍대용은 그의 문집과 초상화를 요청할 정도로 비통해했다. 담헌과 중국 지식인의 교류는 이처럼 깊고 절실했다.

05 | 멀리서 발돋움하는
그리움을 견딜 수 없습니다

경당 장흥효가 한강 정구에게 보낸 편지다.

장흥효 _____ 초여름에 돌아온 김형金兄(학봉 김성일의 맏아들 金潗) 편을
통해 저에게 거듭 편지를 주신 것을 받고서, 읽기를 두 세 번 하는 동안
에 우러러 감동됨을 견딜 수가 없었습니다. 그 후에 또한 인편을 통해
평상시의 몸가짐과 안부를 물으신 것을 듣고, 저를 염려해 주시는 정성
이 실로 그 속이 깊었기에 놀랬습니다. 마땅히 달려가 뵙는 것이 예이지
만 길이 멀어 생각처럼 하지 못했습니다. 죄송하고 한스러움이 간절합
니다.

　근래 서리가 차가운데 선생님께서는 어떻게 지내시는지요. 저는 문하門
下에 있을 때는 배워서 아는 바가 있는 듯했었는데, 세상현실로 나와서는
떠풀의 막힘(사람이 덕을 꾸준히 닦지 않을 경우 마치 사람이 산길을 다니지 않
으면 산길이 떠풀로 막혀 버리듯이 사람의 마음도 막혀짐을 의미)이 아주 심해
져 앞으로는 저의 둔함을 채찍질할 수도 없고 저의 나약함을 연마할 수
도 없을 듯합니다. 선생님의 문하에서 나온 이래로 늘 한 생각이 미칠 때
면 알지 못하는 사이에 부끄러워져서 땀이 흘러 옷을 적시곤 했습니다.

… 선생님 문하에 있을 때는 가르침 덕분에 유익함이 많았는데 궁벽한 마을로 물러난 이래로는 지기志氣가 무너지고 게으름이 날로 심해졌으니, 장차 소인으로 돌아가고야 말 것입니다. 문하에 지은 죄가 큽니다. 길이 멀어 가르침의 자리에 갈 수가 없으니 더욱 슬프고 한탄스럽습니다.

근래 중용을 보다가 긴요한 곳이 이해되지 않았습니다. 문목問目 서너 가지를 대략 갖추어서 올리오니 가르침으로 의혹을 풀어주시기 바랍니다. _____

한강 정구가 답한 편지다.

정구 _____ 김세마金洗馬(익위사세마翊衛司洗馬 자리에 있던 金澋)의 행차 때 문목이 포함된 편지를 보내준 것을 잘 받았습니다. 편지를 읽고서 봄 여름이 바뀌는 이즈음에 학문의 향상을 살필 수 있게 되어 감동되고 위안됨이 깊었습니다.

나는 병이 처음 발병했을 때와 같아 몸은 더욱 쇠하고 학문도 더욱 쇠하여 전보다 못해져서, 모든 것이 끝나고야 말 것이니 말할 것이 무엇이 있겠습니까. 매양 생각하건대 당신은 학문에 뜻을 두어 날로 오직 전공하기를 조금도 지쳐한 적이 없으니, 근래의 붕우들 가운데서 당신만이 바라는 바에 부응할 것이라 생각합니다. 사모하는 마음은 이루 다 말할 수가 없습니다.

단지 서로가 떨어져서 가까이 있지 아니해서 때로 상종할 수 없음이 한스럽지만, 이 늙고 병든 사람이 마음을 가라앉혀 편지를 한 차례 읽을 때면 늘 저를 깨우쳐 주어, 멀리서 당신을 생각하게 하는 회포가 일어나게 됨을 금할 수가 없었습니다.

이러한 때에 몸을 애중히 생각해 학문에 더욱 진전하시길 빕니다. 멀리서 발돋움하는 그리움을 견딜 수 없습니다._____

학문에 힘쓰지 않을 수 없음을 깨달았으니 | 06

이황 _____ 공이 호남에 있으면 나는 영남에 있고, 공이 서울에 있으면 나는 향리에 있었기 때문에 해가 바뀌고 오랜 시일이 지나도록 소식이 서로 격조했으며, 자중子中은 비록 내려왔지만 요즘은 만나지 못했습니다. 이제 처음으로 벼슬길에 나아간 이때, 근황이 어떠한지요? 평소의 소양을 가지고 세무世務에 시험해 보면서 불안한 점은 없는지요?

나는 여전히 궁벽한 시골에 살고 있으니 세상일을 물리치고 이렇게 궁벽하게 살아가는 것이 어리석은 나의 분수에 다소 다행스럽습니다. 다만 나이는 세월과 함께 달려가고 병은 늙음에 따라 심해지니, 지기志氣와 정력이 사그라져 감을 알 수 있습니다. 이 지경에 이르러서야 비로소 이 학문에 힘쓰지 않을 수 없다는 것을 깨달았습니다. 세상의 뛰어난 선비들은 이처럼 물정에 어둡고 학문을 하기에 늙은 나이에 이르렀으면서도 뉘우칠 줄 모른다고 틀림없이 비웃을 것입니다.

전일에 서찰을 왕복하던 논변이 내게 이르러서 그쳤으니, 아직 결말을 보지 못한 문제이고, 그중에 또한 나의 견해를 다 말하고 싶은 것도 한두 곳이 있었습니다. 중간에 다시 생각해 보건대 의리를 변석辨析하는 것은 진실로 지극히 정미하고 해박해야 하는데, 돌아보면 그동안 논변한 것은 단서가 매우 많고 사설辭說이 매우 길었습니다. 그래서 나의 견해가 다 망라되지 못하고 조예가 미치지 못한 곳들도 혹 있었습니다.

그럴 경우에는 왕왕 임시로 선유先儒들의 설을 찾아다가 나의 부족한 곳을 보충하여 공의 변론에 답하는 설로 삼았으니, 이는 과거 보는 선비가 과장科場에 들어가서 시제試題를 보고서 고사를 따다가 조목에 따라 대답하는 것과 무엇이 다르겠습니까. 이와 같이 하여 십분 타당하다 하더라도 기실 나 자신에게는 터럭만큼도 도움이 되는 게 없고, 다만 쓸데없는 논쟁만 벌여 성문聖門의 큰 금기禁忌를 범하게 될 뿐입니다. 더구나 참으로 타당하다고 보장할 수도 없다면 더욱 그렇지 않겠습니까? 이로 말미암아 더 이상 마음을 내어 답장을 보내기를 지난날처럼 용감하게 하지 못하고, 다만 보내온 편지에서 두 사람이 나귀에 짐을 실은 것에 비유한 말씀을 가지고서 장난삼아 절구 한 수를 지어서 보냅니다.

두 사람이 나귀에 짐을 싣고 경중을 다투는데兩人駄物重輕爭
헤아려 보니 높낮이가 이미 고르거늘商度低昂亦已平
다시 을 쪽의 짐을 갑 쪽에 죄다 넘기니更刧乙邊歸盡甲
어느 때에나 짐 형세가 균평하게 될거나幾時駄勢得勻停

그저 웃고 마시기 바랍니다._____

퇴계 이황이 고봉 기대승에게 보낸 것이다. 두 사람이 편지를 주고받으며 토론한, 사단칠정四端七情에 대한 논변은 우리 사상사에서 가장 큰 사건이었다고 해도 과언이 아니다. 두 학자의 본격적인 논변은 대략 1559~1561년에 벌어졌고, 이 편지는 1562년 10월 16일에 보낸 것이다. 이때 이황은 62세였고 기대승은 36세였다.

자중子中은 퇴계의 제자인 정유일(1533~1576)의 자이다. 그는 당시 조정의 관리로 있으면서 퇴계와 고봉 사이에 소식을 전하는 역할을 했다.

이 편지는 기대승이 보낸 편지에 대한 답서이다. 기대승은 한 필의 나귀에 짐을 싣고 두 사람이 양쪽에서 나귀를 몰고 가는 것으로 두 사람의 논변을 비유하였다. 즉 길을 가다 보면 나귀 등에 실은 짐이 한쪽으로 기울지 않을 수 없는데, 짐이 기우는 쪽 사람이 상대편 쪽으로 짐을 들어 넘기면 상대편도 그렇게 하게 된다. 그렇게 서로 상대편 쪽으로 짐을 넘기기를 반복하므로 짐이 평정해질 수 없게 된다고 했다. 기대승의 이 비유를 이황은 시로 읊은 것이다.

논쟁은 한갓 논쟁을 위한 논쟁이 되는 데 그치고 마는 경우가 많다. 탁월한 학자들인 두 사람 사이의 토론도 평행선을 달리는 논쟁이 오래 이어졌다. 하지만 이와 같이 양자가 서로의 치우침을 경계하는 과정을 통해 착오를 깨닫고, 마침내는 서로의 견해를 일정 부분씩 수용하여 진일보한 결론을 도출하는 데 이를 수 있었다.

음주의 도
소가 물마시듯 마셔서야

술의 멋은
입술을 적시는 것이다 | 01

2013년, 양력으로 새해 초에 친구들과 셋이서 저녁에 술을 한 잔 하게 되었다. 당일 전화가 와서 이뤄진 자리였는데, 식사를 시켜놓고 시작한 술잔이 좀 많이 오고갔다. 게다가 마신 술이 전통 소주여서 취기가 빨리 올랐다. 어쨌든 좋은 분위기 속에 자정을 훨씬 넘어서까지 마시면서 과음하게 되었다.

다음날 깨어나니 어느 순간 이후는 기억이 안 나고, 양치를 하는데도 시렸다. 위장이 못 견뎌 속을 비웠던 모양이었다.

스스로 부끄러운 마음이 들었다. 아무리 즐거운 자리라도 이렇게까지 마셔서야 되겠는가 싶었다. 앞으로는 이런 일이 없도록 해야 하겠다는 생각을 했다. 술을 적당히 마셔도 충분히 즐거운 자리가 될 텐데, 술기운에 휩쓸려 술이 술을 먹게 되는 데까지 갔다는 것이 새삼 마음에 걸렸다.

정초부터 이런 일이 있고 해서, 올해는 옛 사람들의 음주경계 글을 마음에 새기며 술을 적당히 마셔야 하겠다는 작심을 한다.

다산 정약용이 1805년 귀양지에서 둘째 아들에게 보낸 편지 내용이다.

네 형이 왔기에 시험 삼아 술을 주어보았다. 한 잔을 다 마시고도 취하지 않더구나. 그래서 너는 어떤가 물어보니 너는 형보다 배나 마실 수 있다고 하는구나. 어째서 글공부에는 아비의 성벽을 본받지 않으면서 주량만은 아비를 능가하느냐? 좋은 소식이 아니구나.

네 외조부께서는 술 일곱 잔을 마셔도 취하지 않으셨다. 그러나 평생 술을 입에 가까이 하지 않으셨다. 말년에야 수 십 방울쯤 들어가는 작은 술잔 하나를 만들어놓고 입술을 적시셨을 뿐이다.

나는 태어난 이래 몹시 마셔본 적이 없어서 내 주량을 모른다. 벼슬하기 전, 중희당에서 임금께서 삼중소주三重燒酒를 옥필통에 가득 부어 하사하신 적이 있었다. 사양했으나 소용이 없었고, 모두 다 들이키도록 명령하셨다. 마음속으로는 '내가 오늘 죽었구나' 했었다. 그러나 다 마시고 나서도 심하게 취하지는 않았다. … 그러나 너희들은 내가 술을 반 잔 이상 마시는 것을 본 적이 있느냐.

참다운 술맛이란 입술을 적시는 데 있는 것이다. 저 소가 물을 마시듯 하는 자들은 술이 입술이나 혀를 적실 사이도 없이 곧장 목구멍으로 넘어가니 무슨 맛을 알겠는가. 술의 정취는 살짝 취하는데 있는 것이다. 얼굴은 붉은 귀신처럼 되어서 더러운 것을 토해내며 잠에 곯아떨어지는 자들이야 무슨 정취가 있겠는가. … 네게 빌고 또 빈다. 입에서 술을 끊고 마시지 마라.

자식의 음주를 걱정하는 부모의 절절한 마음이 묻어난다. 130쪽에 편지의 내용이 더 나와있다. 주량이 대단한데도 적당히 마실 수 있는 경지가 부럽기도 하다.

온갖 망령됨이 술에서 나온다 | 02

정철 _____ 내가 술을 즐기는 이유가 네 가지 있다. 마음이 불평하여 마시는 것이 첫째이고, 흥취가 나서 마시는 것이 둘째이고, 손님을 대접하느라 마시는 것이 셋째이고, 남이 권하는 것을 거절하지 못하는 것이 넷째이다.

마음이 불평스러우면 순리대로 풀어버리면 될 것이고, 흥취가 나면 시가詩歌나 읊조리면 될 것이고, 손님을 접대할 때는 정성으로만 하면 될 것이고, 남이 아무리 끈덕지게 권하더라도 내 뜻이 이미 굳게 서 있으면 남의 말에 흔들리지 않게 될 것이다. 그런데 이 네 가지 좋은 방도를 버리고 한 가지 옳지 못한 데 빠져들어 끝내 혼미하여 일생을 그르치는 것은 무슨 이유인가?

내가 벼슬을 그만두고 물러나 쉬면서 다섯 번이나 임금님의 부름을 받았는데, 금년 봄에는 마지못해 병을 무릅쓰고 조정에 달려가 소疏를 올려 사퇴하기를 청했다. 내 뜻이 정말 산수를 즐기는 데 있다면 의당 두문불출하여 자취를 감추고 언행을 삼가야 할 것이다.

그런데 동정動靜이 일정하지 못하고 언어가 늘 실수를 범하는 등 온갖 사망邪妄한 것들이 모두 이 술에서 나오곤 한다. 술이 한창 취할 때에는

신윤복 작 「상춘야흥(賞春野興)」, 조선시대

마음 내키는 대로 속 시원히 언행을 마구 했다가 술이 깬 뒤에는 다 잊어버리고 취했을 때의 일을 전혀 기억하지 못한다. 남이 혹 취했을 때의 일을 얘기해 주면 처음에는 그럴 리가 없다고 믿지 않다가 나중에 참으로 그런 일이 있었음을 알고 나면 부끄러운 생각에 꼭 죽고만 싶어진다.

그러나 오늘도 그런 실수를 저지르고 내일 또 그런 실수를 되풀이해, 허물과 후회가 산더미처럼 쌓이되 그 허물을 만회할 날이 없는지라 나와 친한 사람은 나를 슬퍼해 주고 나와 사이가 좋지 않은 사람은 더럽다고 침을 뱉곤 한다. 그래서 천명天命을 더럽히고 인기人紀(사람이 지켜야 할 도리)를 모멸함으로써 훌륭한 가르침을 저버린 경우가 적지 않다.

이달 초하루에 집안의 사당에 하직 인사를 드리고 국문國門을 나와 강가에 이르러 강을 건너려고 할 적에 나를 전송 나온 사람이 배에 가득했다. 이 때 홀연히 한양 쪽으로 머리를 돌려 나의 과거사를 돌이켜 생각해 보니, 내 자신이 마치 남의 집에 뛰어 들어가 도둑질한 사람이 창·칼 속에서 간신히 뛰쳐나와 백주에 사람을 만나자 몹시 놀라 당황하며 몸 둘 곳이 없는 꼴과 똑같아서 큰 죄라도 지은 것처럼 종일토록 전전긍긍했다.

내가 다시 강가에 돌아왔는데, 이 때 마침 선친의 기일忌日을 당했다. 나는 목이 메어 눈물을 삼키면서 애통해하는 가운데 일말의 선한 마음이 우러나서 마침내 개연히 스스로 다음과 같이 반성한다. … 참으로 잡아 간직하기 어려운 것이 마음이요, 잃어버리기 쉬운 것이 뜻이다. 이 마음과 이 뜻을 누가 주장하는고? 주인옹主人翁(마음)이여, 항상 스스로 경계하여 각성할지어다. 진실로 이 말과 같이 하지 못한다면 내가 어떻게 다시 이 강물을 보겠는가.

만력 5년(1577) 4월 7일에 서호정사西湖亭舍에서 쓴다._____

송강松江 정철(1536-1593)이 지은, 음주를 경계하는 글 〈계주문戒酒文〉이다. 〈사미인곡〉 〈관동별곡〉 등의 작품으로 유명한 송강은 가사문학의 대가이자, 정치적으로는 선명성을 강조했던 당대 서인의 영수였다.

03 | 술을 멀리 하려는 이유

남용익 _____ 〈주보酒譜〉에 의하면 옛날 애주가들이 술을 아주 사랑한 나머지 맑은 술을 성聖에, 빛이 노란 전내기 술을 현賢에 비유했다고 한다. 나 역시 매우 술을 좋아하였으므로 성에 또는 현에 비유하곤 했다. 그러나 이제는 술은 성도 현도 아닌, 바로 진짜 소인이라는 것을 깨닫게 되었다.

대체로 술이 입술에 닿으면 그 시원한 기운과 맑은 빛깔, 그 향기로운 맛이 마른 목을 축여 주고 답답한 가슴을 확 트이게 하여 정신을 새롭게 하고 기운을 샘솟게 해 주는데, 이것은 이를테면 은나라 고종이 어진 부열傅說에게 충정어린 인도를 받는 것과도 같다. 또 술이 뱃속에 들어가면 기분이 온화해지고 체력이 충만해져서 근심 걱정이 절로 사라지고 즐거운 흥취가 절로 발동되어 진득해지고 화락하게 되는데, 이것은 마치 온화한 봄기운에 만물이 소생하는 듯하던 안자顔子의 기상과도 같다. 이것이야말로 성현다운 교화가 있어서가 아니겠는가?

하지만 술기운이 살갗에 배고 뼈 속에 스며들어 점차 중독되어 그 기운을 없애고자 하나 없앨 수 없어서 날마다 정신이 흐리멍텅하게 되면, 입술에 닿는 것은 모두 간교로 임금을 속이며 권력을 휘두르다 결국 안

록산安祿山·사사명史思明의 난을 유발했던 간신 이임보李林甫의 꿀맛 같던 아첨과 같고, 배에 가득 찬 것은 모두 유빈柳玭이 자제들을 경계했던, 바로 그 사람을 미치게 하는 약일뿐이다.

그리하여 듣고 보는 것이 모두가 그 술에 사역되어 밤낮 없이 주악을 베풀고 잔치만 즐기는 것은 바로 남북조시대 강총江總이 정무를 돌보지 않고 연향만을 베풀어 진후주陳後主를 망하도록 인도했던 행위와도 같다. 또한 잠자리의 방탕함은 월왕 구천句踐의 미인계에 빠진 오나라의 태재太宰 백비가 오왕 부차夫差를 미혹시켜 멸망하게 만든 것과도 같다.

심지어 심성을 상실하여 미치광이 같은 말과 행동을 마구 해서 가정을 어지럽히고 공무를 포기하기에 이르면, 그것은 옛날 위韋나라와 고顧나라가 하걸夏桀의 포악을 돕고, 주周나라의 태사太師 윤씨尹氏와 경사卿士 포공暴公이 난정과 참소로 주나라를 쓰러지게 하고, 환시宦侍 홍공弘恭·석현石顯이 참소로써 어진 이를 배척하여 한나라를 기울게 했던 것과도 같다.

뿐만 아니라 끝내는 오장육부가 손상되고 온갖 병마가 틈을 타 발생하고 원기가 날로 깎여 명을 재촉하고 몸을 망치게 되어서는, 간신 비렴飛廉·악래惡來 부자가 은주殷紂를 망하게 만들고, 이사李斯·조고趙高가 진秦나라를 망하게 만들고, 장돈章惇·채경蔡京이 송나라를 넘어지게 했던 것과도 같다.

술병이 든 사람이 때로 뉘우쳐서 혹독하게 자책하고 경계하여 여러 날 술을 안 마시기도 한다. 그러나 갑자기 술맛이 생각나면 저도 모르게 군침을 흘리게 되는 것은 바로 위魏와 화약和約을 맺어 나라를 기울게 한 소인 주이를 못 잊어 했던 양무제梁武帝와도 같고, 정치를 문란하게 해 나라를 어지럽게 한 노기盧杞를 생각하던 당덕종唐德宗과도 같다.

이렇게 된 뒤에는 온갖 좋은 약으로도 그 증세를 낫게 할 수 없고, 맛좋은 팔진미라 하더라도 그 위장을 조양調養할 수가 없다. 죽이나 밥이 눈앞에 가까이만 와도 구역질을 참지 못하게 되지만, 만일 천천히 밥알을 한 알씩 입안에 넣고 억지로라도 한 술씩 떠먹어서 점점 밥기운이 술기운을 이겨 술 힘이 밥 힘에 밀리게 되면, 그때부터는 정신이 살아나고 의지가 안정되어 자연히 술을 마시고 싶은 생각을 잊게 된다.

이것은 이를테면 제선왕齊宣王이 맹자에게 인의仁義에 관한 말씀을 들어 깨우침이 있던 것과도 같고, 노래를 좋아하는 조열후趙烈侯가 상국相國 공중련公仲連의 충간을 들어 노래하는 자에게 주려던 농토를 주지 않은 것과도 같은 것이다.

아! 밥과 술은 다 곡식에서 오는 것이다. 그러나 밥은 곡식의 성질을 온전하게 보존하여서 그 맛이 담담할 뿐 감칠맛이 없다. 그러므로 하루에 두 끼니만 먹으면 그만이고 일생 동안 늘 먹어도 물리지 않으며, 사람으로 하여금 건강히 오래 살게 만든다. 이것이야말로 군자가 천성을 온전히 보전하여 그것으로 임금을 섬겨 서로 미워하거나 싫어함이 없이 덕을 높이고 어진 이를 높여서 나라를 이롭게 함과 같은 것이 아니겠는가?

그러나 술은 곡식의 성질을 어지럽혀 누룩으로 띄우고 술을 빚어 그것을 걸러 마시는데, 더러는 소주로 만들기까지 하면서 반드시 독한 것을 미주美酒로 여긴다. 사람마다 모두 그 맛을 좋아하여 백 잔이고 천 잔이고 밤낮을 가리지 않고 퍼마셔대어, 마침내 사람의 오장·육부를 상하게 해서 명을 재촉하고 있으니, 이것은 바로 소인이 천성을 해치고 그 잘못

된 천성으로 임금을 섬기되 서로 헐뜯고 미워하며, 덕 있는 이와 어진 이를 멀리하게 해서 나라를 해롭게 하고 제 집을 망치는 것과 같은 것이 아닌가?

이래서 우禹 임금이 술을 싫어하여 술을 만든 의적義狄을 내좇은 것이며, 『서경書經』에 〈주고酒誥〉편을 넣고 『시경詩經』에 〈빈지초연賓之初筵〉편을 두게 된 것이다.

나는 젊어서부터 술을 매우 좋아하였다. 그러다가 근래에 와서야 비로소 술을 멀리 하나 아직도 끊지는 못하고 있는 형편이다. 그래서 이 글을 지어 내 자신을 경계하는 한편, 나라를 다스리거나 가정을 가진 이들을 경계한다._____

호곡壺谷 남용익(1648~1692)의 글 〈주소인설酒小人說〉이다. 1648에 문과에 급제한 후 여러 벼슬을 지내고, 1655년 통신사 종사관으로 일본에 다녀왔다. 사가독서 후 예문관·홍문관의 대제학을 거쳐 이조판서에 이르렀다. 숙종 1689년 기사환국己巳換局 때 명천明川에 유배돼, 그곳에서 죽었다. 문장에 능하고 글씨에도 뛰어났다.

04 | 술의 정취는
살짝 취하는데 있다

정약용 _____ 너의 형이 왔기에 시험 삼아 술을 마시게 했더니, 한 잔을
마셔도 취하지 않더구나. 그래서 동생인 너의 주량이 얼마나 되느냐고 물
었더니 너는 네 형보다 배도 넘는다고 하더구나. 어찌하여 글공부에는 이
애비의 성벽性癖을 이어받지 않고 술만은 이 애비를 넘느냐. 이것은 반가
운 소식이 아니다. 너의 외조부이신 절도사공께서는 술 일곱 잔을 마셔도
취하지 않으셨지만, 평생 동안 술을 입에 가까이하지 않으셨다. 노년에
이르러서 작은 술잔 하나를 만들어 입술만 적셨을 뿐이었다.

나는 태어난 이래 아직까지 크게 술을 마셔본 적이 없어 나 자신의 주
량을 알지 못한다. 포의로 있을 때 중희당重熙堂에서 삼중소주三重燒酒를
옥필통에 가득히 부어서 하사하시기에 사양하지 못하고 마시면서 '나는
오늘 죽었구나'라고 마음속에 혼자 생각했다. 그러나 다 마시고 나서도
몹시 취하지 않았었다.

또 춘당대春塘臺에서 임금님을 모시고 고권考卷할 때에 맛있는 술
을 큰 사발로 한 그릇 하사받았는데, 그때 여러 학사들이 크게 취
해 인사불성이 되었다. 그래서 어떤 이는 남쪽으로 향해 절을 올리
기도 하고, 어떤 이는 연석筵席에 엎어지고 누워있고 했지만, 나는

시권試券을 다 읽고 착오 없이 과차科次도 정하고 물러날 때에야 약간 취했을 뿐이었다. 그렇지만 너희들은 내가 술을 반 잔 이상 마시는 것을 본 적이 있느냐.

참다운 술맛이란 입술을 적시는 데 있는 것이다. 저 소가 물을 마시듯 마시는 사람들은 입술이나 혀는 적시지도 않고 곧바로 목구멍으로 넘어가니 무슨 맛을 알겠느냐. 술의 정취는 살짝 취하는데 있는 것이다. 얼굴빛이 주귀朱鬼와 같고 구토를 해 대고 잠에 곯아떨어지는 자들이야 무슨 정취가 있겠느냐. 요컨대 술 마시기를 좋아하는 자들은 대부분 폭사하게 된다. 술독이 오장육부에 스며들어 하루아침에 썩기 시작하면 온몸이 무너지고 만다. 이것이 크게 두려워할 만한 점이다.

무릇 나라를 망하게 하고 가정을 파탄시키는 흉패凶悖한 행동은 모두 술로 말미암아 비롯된다. 그러므로 옛날에는 '고角+瓜'라는 술잔을 만들어 절제했다. 후세에는 그 고라는 술잔을 사용하면서도 능히 절제하지 않으므로, 공자는 '고라는 술잔을 사용하면서도 주량을 조절하지 못한다면 어찌 고라고 할 수 있겠는가'라고 말씀하셨던 것이다.

너처럼 배우지 못하고 식견이 좁은 폐족의 한 사람으로서 못된 술주정뱅이라는 이름이 더 붙게 된다면, 앞으로 어떤 등급의 사람이 되겠느냐. 경계하여 절대로 입에 가까이하지 말아서 제발 천애일각天涯一角에 있는 이 애처로운 애비의 말을 따르도록 하여라.

술로 인한 병은 등창이 되기도 하며, 뇌저腦疽(뇌 종기), 치루痔漏, 황달黃疸 등 별별스런 기괴한 병이 있다. 이런 병이 생기면 백약이 효험이 없게 된다. 너에게 빌고 비노니, 술을 입에서 끊고 마시지 말도록 해라. _____

김후신 작 「통음대쾌(痛飮大快)」,
조선시대

다산茶山 정약용(1762~1836)이 유배지에서 아들에게 보낸 편지 중
일부다. 간절한 부모의 마음이 절절한 내용으로 드러나 있다. 자신의
부모가 들려주는 충고로 들어 수시로 읽어보며 마음에 새긴다면 술로
인한 폐해를 피할 수 있을 것이다.

정약용은 근기近畿 남인 가문 출신으로, 정조 연간에 문신으로 벼
슬길에 나섰으나 청년기에 접했던 서학西學으로 인해 장기간 유배생활
을 했다. 그는 이 유배기간 동안 자신의 학문을 더욱 연마해 육경사서
六經四書에 대한 연구서를 비롯해『경세유표經世遺表』『목민심서牧民心書』
『흠흠신서欽欽新書』등 모두 500여 권에 이르는 방대한 저술을 남겼다.
조선 후기 실학사상을 집대성한 인물로 평가되고 있다.

술 때문에 성현의 세계와 멀어져서야 | 05

이황이 기대승에게 _____ 간절히 바라건대 온갖 잡다한 일들을 끊어 버리십시오. 문을 닫고 마당을 쓸고 나서 옛 학업을 익히고 다스리십시오. 생각은 깊게 하고 몸가짐은 애써 바로 잡으십시오. … 세상 사람들은 제가 사람을 알아보지 못하고 잘못 천거했다고 다투어 말합니다. 하지만 저는 아직 잘못 천거했다는 뉘우침이 없다고 대답합니다. 그것은 제가 그대에게 바라는 것이 사람마다 다 같이 알 수 있는 그런 것이 아니기 때문입니다. 그런데 만약 그대가 평생 뛰어난 재주를 마구 써 버리고 방탕한 습관에 묶이며, 술 때문에 괴로움을 당하고 놀이와 방종에 빠져 마침내 성현의 세계와 수 만 리 멀리 떨어지게 된다면, 이는 곧 세상 사람들의 공격이 진실로 사람을 제대로 안 것이 됩니다. 그렇게 되면 제가 비록 잘못 천거한 것을 후회하지 않으려 한다 해도 그럴 수 있겠습니까. … 바라건대 그대는 깊이 생각하고 힘써 자신을 돌이킨다면 더할 나위 없는 다행이겠습니다. 끝으로 부디 자신의 몸을 지키고 아끼시기 바랍니다. _____

기대승이 이황에게 _____ 앞뒤로 깨우쳐 주신 말씀은 제 병에 맞는 약이 아닌 것이 없으니, 제가 어찌 감히 깊이 생각하고 힘써 실천하여 참으로

이경윤 작 「송하대취(松下大醉)」, 조선시대

병을 없애고 효과를 얻도록 노력하지 않을 수 있겠습니까. … 제가 세상을 업신여기고 다른 사람을 낮추어 본다고 하는 말을 들으셨다는데, 저는 그런 마음이 없다고 스스로 믿습니다. 그러나 의논하는 때에 기운을 가라앉히지 못해 남들의 험담을 불러 일으켰으니, 참으로 아프게 스스로를 채찍질하여 치우친 성품을 바로잡는 것이 마땅합니다.

말을 삼가는 데 모자라고 몸을 단속하는 데 소홀한 병이 있다는 지적에 대해서는 스스로 알고 있던 것이라 늘 경계하고 반성했음에도 그런 말을 피할 수 없었습니다. 아마도 그것은 뿌리가 깊고 두텁지 못한 까닭에 일이 있을 때마다 드러나 이런 지경에 이르게 된 것 같습니다. 비록 뿌리가 얕지만 그 위에 노력을 더한다면 아마 조금은 나아질 것입니다.

술에 대해 말씀하셨는데, 근래에 병이 잦았기 때문에 끊었습니다. 그리고 그렇게 하는 것이 몸을 기르고 덕을 기르는 데 모두 도움이 된다는 것을 깨달았습니다. 지금부터는 정말로 굳게 절제하여 술에 빠지지 않으려고 합니다만, 과연 그럴 수 있을지는 모르겠습니다. _____

1570년에 퇴계 이황과 고봉 기대승이 주고받은 편지 중 일부다. 이황은 1569년 벼슬을 물러나며 임금에게 기대승을 천거했다.

엷은 얼음 밟듯 조심해야
한훤당 김굉필의 「한빙계寒氷戒」

털끝만큼이라도 어긋나면 : 잘못은 초기에 바로잡아야

중국 수나라 때 승찬僧璨대사가 불교 가르침을 사언절구四言絕句 584자로 표현한 글인 '신심명信心銘'이 있다. 불교 수행자들이 좌우명으로 삼는 이 글은 중국에 불교가 전해진 이후 나온 '최고의 문자'라는 격찬을 받고 있다. 이 신심명의 앞부분에 '호리유차 천지현격毫釐有差 天地懸隔'이라는 문구가 나온다.

신심명의 첫 구절은 '지도무난至道無難 유혐간택唯嫌揀擇, 단막증애但莫憎愛 통연명백洞然明白'이다. '지극한 도는 어렵지 않고 오직 취하고 버리는 것을 꺼릴 뿐이니, 미워하고 사랑하는 마음만 없으면 분명하고도 명백하게 드러난다'라는 의미다. '호리유차 천지현격'은 이 글귀에 이어지는 글로 '털끝만큼이라도 차이가 있으면 하늘과 땅 사이로 벌어진다'라는 뜻이다.

도를 논할 때뿐만 아니라, 세상일이나 일반적 인간 삶과 관련해서도 소중한 가르침으로 다가온다. 사람의 생각과 행동이 도리에 조금이라도 벗어나기 시작하면, 나중에는 그로 인해 엄청나게 잘못된 결과를 초래하는 경우를 많이 보기 때문이다. 처음 어긋남을 알 때 바로잡아야 한다. 그렇지 않고 작은 잘못이라고 별 일 없을 것으로 생각해 바로잡지 않으면, 어긋남은 점점 커지게 된다. 나중에는 잘못인 줄도 깨닫지 못하게 되고, 결국 큰 일을 당하게 되는 것이다.

2009년 청와대가 군포 연쇄살인사건 해결을 '용산참사'에 대한 여론을 잠재우는데 활용하려 했던 사실이 드러나면서 정치권의 쟁점이 된 적이 있다. 이 사건의 전개과정을 보면서도 '호리유차 천지현격'이라는 말이 떠올랐다.

사건이 불거지자 청와대는 "그런 사실 없다."고 부인했다가 "공적으로 보낸 일 없다."하더니, 결국 "개인적으로 보냈다."며 당사자를 구두 경고했다고 밝혔다. 해당 이메일을 수신한 경찰청은 "절대 그런 적 없다."고 부인했으나 하루 만에 거짓으로 들통 났다. 잘못을 알고도 일단 발뺌하다가 할 수 없으면 인정하는 식이다. 이처럼 처음 잘못을 인정하지 않고, 계속 자신도 속이고 남도 속이는 행태를 보이는 것이 바로 '천지현격'으로 가는 길이다. 이런 식이면 국민들은 다른 관련 의혹에 대한 해명도 안 믿게 된다. 믿음을 잃으면 모든 것을 잃는 것이나 다름없다.

과오는 있을 수 있다. 중요한 것은 그 잘못을 알고 솔직히 인정하며 바로잡느냐 여부다. '호리유차'의 잘못을 알 때, 스스로 엄중하게 다스려 과오를 바로잡아야 하는 것이다. 그렇지 않고 괜찮겠지 하는 마음을 먹게 되면, 호미로 막을 일을 가래로도 못 막게 되는 결과를 불러오게 된다.

마음이 환경에 흔들려 잘못된 욕심이 생길 때 그것을 알고 바로잡아야 한다. 그렇지 않고 이 정도야 괜찮겠지 하고 넘어가면, 나중에 천지현격으로 변해 돌이킬 수 없는 지경까지 가게 됨을 명심할 일이다.

다음 글들은 한훤당 김굉필이 자신을 경계함은 물론, 제자에게 심신수양의 지침으로 준 글이다. 누락된 글귀가 있는 항목 등 몇 개 항목은 제외했다.

욕심을 막고 분함을 참아라

반군潘君 우형佑亨이 나를 스승으로 대접하려 했다. 나는 너무 과분하다고 사양했으나 그는 말하기를 '이것은 저 자신의 뜻일 뿐 아니라 선친이 평소에 하신 말씀이 있었다'고 했다. 그래서 나는 그의 효성에 감동해 이를 거절하지 못했다. 삼여三餘(독서하기 적당한 세 가지 여가인 겨울, 밤, 비올 때)의 틈을 이용해 그와 함께 공부를 해야 되겠지만, 내가 문을 닫고 들어앉아 방문객을 사절한 지가 오래인지라 그는 곧 돌아가게 되었다. 나의 마음이 매우 미안해 마침내 스스로를 수양하며 사물에 대응하는 방법 몇 가지 조항을 손수 써서 〈한빙계〉라는 제목을 붙여 떠나는 그에게 주고, 또한 나 자신도 경계하려 한다.

이경윤 작「산수인물도」, 조선시대

고요함과 움직임에는 마땅한 이치가 있다動靜有常

하늘은 둥글어서 움직이며, 땅은 반듯하여 고요하게 안정돼 있다. 양陽은 생기면서부터 움직이며, 음陰은 생기면서부터 고요하다. 그래서 안정은 움직임의 기본이다. 그러므로 하늘은 땅을 기본으로 삼으며, 양은 음을 기본으로 삼는다.

천하의 모든 사물은 기본이 없이 생기고 이뤄지는 일은 없는 것이다. 하늘의 바람·비·우레·번개가 변화하며 움직이지만 모든 것이 땅에 의존하니, 이것은 안정靜에 기본을 두는 것이다. 사람의 인·의·예·지가 변화하며 움직이지만 모든 이치가 몸에 갖추어 있으니, 이것은 안정에 기본을 둔 것이다.

이것은 사람·땅·하늘의 움직임과 고요함의 마땅한 이치다. 공자가 말하기를 '군자는 그릇을 몸에 간직했다가 때를 기다려 쓴다' 했으니, 그릇을 간직한다 함은 도의 본체이니 곧 고요함이요, 때를 기다린다는 것은 도의 작용이니 곧 움직임이다.

고요하지 않으면 그릇이 본체를 이루지 못해 움직일 때 쓸 것이 없다. 고요한 가운데 그릇을 이뤄 놓았다가 때를 기다려 움직인다면 무엇인들 되지 아니하겠는가. 그러므로 공부하는 사람은 마땅히 고요함을 주主로 삼아 함부로 움직이지 않아야 한다.

바른 마음으로 본성을 따르라正心率性

마음이 바르지 못하면 사욕이 침공하고, 착한 본성을 따르지 않으면 나쁜 생각이 함부로 침범할 것이다. 굳세고 철저하게 반성해 사욕을 치고 악을 치기를 칼로 뱀을 베며 활로 범을 쏘듯이 해야 한다. 그렇게 하면 이겨내지 못할 염려가 없을 것이다.

사욕과 나쁜 생각이 생긴 뒤에 이를 퇴치하는 것은 미리 방지하는 것보다는 못하다. 마땅히 두 번 생각함으로써 그 마음을 바르게 하고, 세 번 반성해 그 본성을 따르게 할 것이다.

인심人心은 위태로우며 도심道心은 겉으로 드러나지 않는 것이니, 바로잡아 수양해야만 위태로운 것이 편안해지고 드러나지 않는 것이 나타난다. 관습에서 생기는 성격은 조급하며, 타고난 천성은 바르다. 그러니 천성을 따라 이를 인도해야 조급한 것이 바르게 되며, 바른 것은 밝아질 것이다.

갓을 바로 쓰고 꿇어앉아라正冠危坐

마음속의 이치가 곧으면 밖으로 몸이 반드시 단정해지고, 거처를 공손히 하면 편안할 때 반드시 위태한 것을 생각하게 된다. 눈길을 존엄하게 하는 것이나 앉기를 엄숙하게 주검같이 하라는 것은 모두 경敬을 이야기하는 것이다. 어찌 감히 방자하고 태만하겠는가.

갓을 바로 쓰지 않은 것을 보고 가버리는 이도 있고, 다리를 뻗고 앉은 것을 보고 감정을 품은 이도 있었다. 위의威儀를 잃는 것은 학문하는 데 큰 병통이니 언제나 경의 마음을 잃지 않도록 하라.

옛 버릇을 철저히 없애라痛絶舊習

지금 벼슬하는 자들은 대개 출세에 조급해 의리를 돌아보지 않고, 구멍을 뚫고 담을 넘어 서로 엿보며 첩妾같은 행동을 즐기고 있다. 벼슬을 얻거나 놓칠까 걱정하며 못하는 짓이 없으니, 이것이 어찌 도에 뜻을 둔 자가 할 짓이라 하겠는가.

어려서 배워 장성한 뒤 실천하려던 뜻은 허탕으로 돌아가고, 버릇이 천성처럼 되어 일생을 마치도록 깨닫지 못하니 딱한 일이다. 이 버릇을 철저히 없애야만 좋은 사람이 될 수 있으며, 점점 도의 맛있는 경지에 들어가게 될 것이다.

욕심을 막고 분함을 찾아라室慾懲忿

사람의 욕심 중 음식과 남녀관계보다 더한 것이 없다. 예禮로써 억제하지 않으면 누가 음식을 탐하고 음란한 짓을 하지 않겠는가. 사람의 분노 중에는 벼슬과 재물을 다투는 것보다 더한 것이 없으니, 의義로써 재단하지 않으면 누구인들 간악하고 낭패를 당하는 데 이르지 않겠는가. 그러므로 성인이 예의로 이를 제어할 것을 가르치며 지도한다.

공부하는 사람이 언제나 '무죄한 사람 하나를 죽이고 천하를 얻을 수 있어도 그것은 하지 않겠다'는 마음을 가지면, 분함과 욕심이 스스로 없어지고 도리가 절로 밝아질 것이다.

사치를 버리고 검소하라

가난에 만족하며 분수를 지켜라安貧守分

하늘이 뭇 백성을 내고 각각 나누어 준 직분을 갖게 했으니, 감히 어기고 넘지를 못할 것이다. 사람이 모두 부자가 되기를 원하나, 부자 되기는 어렵고 가난하기 쉬운 것은 분수가 있기 때문이다.

지금 사람들은 천기天機가 높지 못해, 가난함을 싫어하고 부자 되기를 구하며, 분수 밖의 일을 지나치게 행한다. 비록 용한 꾀를 교묘히 행하지만 마침내 법망에 걸림을 면하지 못해, 심하면 몸을 망치고 자손이 끊어지는 지경에까지 이른다. 가히 두려워하지 아니하랴.

공자가 말씀하시길 '만일 부귀를 얻을 수 있다면 비록 말채찍을 잡는 천한 일이라도 내가 하겠지만, 해서 되는 것이 아닌 바에는 내가 좋아하는바(도덕)를 따르리라'하였다.

또 말씀하시길 '선비가 도에 뜻을 두면서 좋지 못한 옷을 입고 좋지 못한 음식을 먹는 것을 부끄럽게 여기는 자는 더불어 말할 것도 없느니라'하였다. 구한다고 반드시 얻지 못할 바에야 도리어 나물밥에 굵은 베옷으로 지내는 생활을 만족하게 여기면서 도를 즐기는 것이 낫지 않겠는가. '아름답도다! 어진 선비는 그 처지를 생각하라'하였으니, 궁할 때는 홀로 자신을 선하게 하고, 출세해서는 천하를 선하게 하라.

사치를 버리고 검소하라去奢從儉

공자가 말씀하시기를 '사치하기보다 차라리 검소하게 하라' 하였으니, 어찌 예절만이 그러하리요. 지금 풍속이 옛날과 달라서 사치와 화려함을 다투어 추구해, 정원은 넓고 크게 하고 비단옷을 입고 진수성찬을 먹는 것을 호걸스러운 풍치風致로 생각하므로, 선비들의 풍습도 거기에 따라 빠져 들어가서 도를 아는 자가 적으니 애석한 일이다.

사치는 하늘이 만든 물자를 함부로 없애는 도둑이다. 옛날부터 사치를 숭상해 끝까지 사치스런 생활을 보존한 자는 없었다. 검소하고 절약하는 것은 사람과 물자를 유지하는 중요한 방법이다. 검소함을 숭상하거나 검소하기 때문에 무엇이 잘못되는 경우는 듣지 못했다. 도에 배반하는 자로 검소한 사람은 적고, 도를 지향하는 사람으로 사치를 버리는 자는 많다.

날마다 새로워지는 공부를 해라 日新工夫

오늘 당연한 이치대로 행하고 내일 당연한 이치대로 행해, 일상생활이 당연한 이치대로 하지 않음이 없으면, 곧 날이 달이 되고 달이 해가 되면서 인仁을 쌓고 의義를 쌓아서 그 극치에 이르게 된다. 그러면 터놓은 강물이 쏟아지는 것을 막을 수 없음과 같게 될 것이다.

공자가 말씀하시길 '날마다 새롭게 되는 것, 이것이 성盛한 덕이다' 하였다. 내일까지 기다려보자고 한다면 그것은 매우 옳지 않다는 말이다.

독서로 이치를 연구하라 讀書窮理

글을 읽는 법은 많이 보기를 탐내고 널리 읽기를 힘써서는 안 된다. 넓기만 하고 요령이 적은 것보다는 간추려서 요령을 얻도록 하는 것이 옳다.

무릎을 꿇고 단정히 앉아 공경히 책을 대해 익숙하게 읽고 뜻을 음미하면 그 이치가 스스로 나타날 것이고, 이치가 나타나면 곧 육미肉味가 입맛에 맞는 것과 같을 것이다. 단단히 씹어서 소화시킨 뒤에 다른 책을 읽을 것이다.

만일 성인의 글이 아닌 것을 읽는다면, 비록 하루에 1만 자를 외운다 할지라도 도학을 공부하는 의미가 없다.

말을 함부로 하지마라不妄言

공자가 말씀하시기를 '방안에서 말을 해도 그 말이 착하면 천리 밖에서 호응하는데, 하물며 가까이 있는 사람이야 말해 무엇 하겠는가. 방안에서 말을 해도 그 말이 착하지 않으면 천리 밖에서 이에 반대하는데, 하물며 가까이 있는 사람이야 말할 것도 없지 않은가. 말은 몸에서 나와 백성에게 미치고, 행실은 가까운 데서 출발해 먼 데까지 나타나는 것이니, 말과 행동은 군자의 추기樞機(문을 여닫는 기틀이 되는 돌쩌귀로, 중심 기관을 의미)인 것이다. 추기의 발현은 영욕과 직결된다. 말과 행동은 군자가 천지를 움직이는 것이니 삼가지 않으면 되겠는가'라고 했다.

또 '어지러움이 생기는 것은 언어가 그 매개가 되는 것이다. 임금이 기밀을 지키기 못하면 신하를 잃고, 신하가 기밀을 지키지 못하면 몸을 잃고, 일機事에 기밀을 지키기 못하면 해가 생기는 것이니, 군자는 삼가고 비밀히 하여 함부로 드러내지 않는다. 지금 많은 선비들은 그기개를 높이 올리며 의논이 바람이 일듯하여 꺼리는 바가 없으니, 그들에게 환란이 닥칠까 염려된다. 그러나 집집마다 다니면서 타이를 수는 없다. 그대는 조심하도록 하라. 말을 삼가는 방법은 정성스러움誠과 공경함敬에 있다. 그러므로 정성스러움과 공경함은 말을 함부로 하지 않는 데서부터 시작해야 한다'라고 했다.

마음을 한결같이 하라

마음을 한결같이 하라主一不二

주자朱子가 경재잠敬齋箴을 다음과 같이 지어 스스로 경계했다.

의관을 바르게 하고 눈길은 편안히 하며 마음은 고요히 하여 앉아서, 저 너머의 상제上帝를 마주하듯 하라. 발걸음은 무겁게 하고 공손히 한다. 땅은 가려 밟아 작은 개미집도 피해 간다.

문을 나서면 큰 손님을 대하는 듯 공손히 하고, 일을 대하면 제사 지내는 듯 경건히 하며, 조심하고 두려워하며 잠시라도 감히 안이한 생각을 하지 않는다. 입은 병마개를 닫듯이 굳게 막고, 뜻은 성을 지키듯 진실하고 확실하게 지켜, 언제나 경솔하게 행동하지 않는다.

동쪽을 마음에 담고 서쪽으로 가지 않으며, 남쪽으로 가야 할 때 북쪽으로 가지 않는다. 하는 일에 마땅히 정성을 다해 정신을 흩트리지 않는다. 두 마음을 품어 정신을 둘로 분열시키거나, 생각이 뒤섞여 셋으로 쪼개지지 않도록 해야 한다.

오직 하나의 마음으로 일만 가지 변화를 관찰해야 한다. 이렇게 한 마음으로 정성을 다하는 것을 지경持敬(경을 유지하는 것)이라 한다. 홀로 고요히 앉아 있거나 더불어 행할 때도 천리天理를 어기지 않으며 안과 밖을 바르게 간직한다.

한 순간이라도 마음에 틈이 생기면 사욕이 일어나 일파만파로 번져, 불을 지피지 않아도 달아오르고 얼음이 얼지 않아도 떨리게 된다. 털끝만큼만이라도 차이가 있으면 하늘과 땅이 서로 자리를 바꾸며, 삼강이 무너지고 구법九法(홍범구주를 말함)도 무너질 것이다. 아! 어린 학동들이여, 생각생각마다 경으로 대하라. 이에 먹을 갈아 경계하는 말을 써서 감히 영대靈臺(마음)에 고한다.

어떤 이가 묻기를 마음이 두 갈래 세 갈래가 되지 않아야 하고, 동서나 남북을 혼동하는 일이 일어나지 않도록 하라고 했는데 그것은 어떻게 분별하는 지에 대해 물었다.

나는 다음과 같이 답하였다.

모두 경을 형용한 말이다. 경이란 하나에만 집중하는 것인데, 처음에 한 가지의 일이 있는데 거기에 또 한 가지를 보탠다면 두 갈래가 되는 것이고, 또 세 갈래도 되는 것이다. 동서나 남북이 혼동되지 않도록 하라는 말 역시 하나에 집중하라는 말이다. 이것은 마음이 이리저리 달리지 않도록 해야 함을 설명한 것인데, 마음을 오로지 하나로 집중하는 공부가 극치에 달해야 되는 것이다. 앉는 옆의 벽에다 써 붙여 두고 아침저녁으로 반성하는 자료로 삼아 힘쓰고 힘써서 쉬지 않으면, 능히 천하의 도리를 모두 깨달아서 전일專一한 경지에 이를 것이다.

말을 알아들을 줄 알아야 한다知言

『서경』에 이르기를 '사람을 알아보는 것은 철哲이니, 제帝도 그것을 어렵게 여겼다' 하였다. 그러나 그 사람을 알려면 반드시 그 말을 살펴야 한다.

말은 마음의 표현이다. 공자는 '장차 배반하려는 자는 그 말이 부끄럽고, 마음에 의심을 가진 자는 그 말에 지엽이 많고, 길한 사람의 말은 적으며, 조급한 사람은 말이 많고, 착한 이를 무고하는 사람은 그 말이 들떠 있으며, 지킴을 잃은 자는 그 말이 비굴하다'고 하였다.

맹자는 '편파적인 말은 그가 속이는 것임을 알게 하고, 음란한 말은 그가 빠진 데가 있음을 알게 한다'고 했다.

이 말들을 자세히 유의하면, 곧 말을 알아듣는 방법은 정말 사람을 아는 거울과 같은 것임을 알 수 있다. 배반한다 함은 반역한다는 것이 아니라 진실을 저버리고 신의를 버리는 것이니, 말이 신의에 배반되고 진실함과 어긋나기 때문에 부끄럽게 여기는 것이다. 길한 자는 안정되어 말이 적고, 조급한 자는 동요하여 말이 많다. 의심을 가진 자는 자신이 없으므로 말에 지엽이 많고, 무고하는 자는 남을 망치므로 말이 들떠 있고, 지킴을 잃은 자는 스스로 패하였기 때문에 비굴하다.

맹자의 말씀도 역시 이 여섯 가지로 미루어 알아낸 것이다. 대저 사람의 정은 여기에서 벗어나지 않는다. 어진 자는 침묵하고, 용맹스런 자는 떠들고, 말을 잘하는 자는 믿음성이 적고, 순하기만 한 자는 결단이 적고, 꾀 있는 자는 음험함이 많고, 글 잘하는 자는 중심이 적다. 이러한 이치로 미루어 보면 말을 알아들을 수 있으며, 말을 알아들을 수 있으면 사람을 알아볼 수 있다.

일의 기미를 알아라 知機

공자는 '일의 징조를 아는 이는 신神이다. 징조는 움직임의 미세한 것이요, 길하고 흉한 것이 먼저 보이는 것이다. 군자는 징조를 보면 그 날이 저물기를 기다리지 아니한다'하고, 『주역』에 이르기를 '개결한 지조가 돌과 같이 단단하면 종일終日이 못되어 길하리라'하였다. 굳기가 돌과 같으니 어찌 하루해를 마치랴. 단정코 알 수 있을 것이다. 군자는 미세함을 알고 드러남을 알며 부드러울 줄 알고 강할 줄을 아니, 일만 사람의 신망을 가진 자이다.

그러나 위태로운 징조를 알고도 피할 수 없는 경우가 있으니, 자신을 죽여 인仁을 이루어야 할 곳이 있으면 죽음 보기를 마치 집에 돌아가듯이 하여 구차스럽게 면하고자 하지 않는 것이다.

윗사람과 교제하는 자는 반드시 공손하되 아첨이 되는 징조를 알아서 조심하고, 아랫사람과 사귀는 자는 반드시 화평하고 간소하게 하되 위신 없고 실없게 될 징조를 알아서 조심할 일이다. 또한 일에 대해 징조를 알고 사건에 따라 징조를 알아야 한다. 일마다 사건마다 다 그 징조가 있으니 각기 그 미세한 것, 드러난 것, 부드러운 것, 강한 것을 막론하고 모두 안다면 어찌 뭇 사람의 큰 신망을 얻는 사람이 되지 않겠는가.

마지막을 처음처럼 조심하라愼終如始

『시경』에 이르기를 '시작이 없는 사람은 없으나 마지막이 있는 이는 적다'하였고, 『주역』은 '처음을 추구하여 마지막 있기를 구하라' 하였으며, 『예기』는 '처음을 잘하는 이도 마지막을 잘하지 못한다' 하였다. 진실로 마지막을 시작할 때처럼 조심한다면 어찌 성현의 지위에 이르지 못할 것을 걱정하랴.

공경함을 지니고 성실함을 잃지 마라持敬存誠

'공경한다敬' '정성스럽다誠' 하는 것은 모두 마음의 오묘한 것을 밝히는 바이다. 인의예지仁義禮智가 공경하지 않음이 없고, 효제충신孝悌忠信이 정성스럽지 않음이 없으니 정성스러움과 공경함은 곧 자신을 닦고 집안을 다스리며, 나라를 통치하고 천하를 태평하게 하는 요긴한 도리이다.

자사子思는 이르기를 '오직 천하의 지극한 성실함이라야 능히 천하의 큰일을 경륜한다' 하였으니, 정성스러움과 공경함의 작용이 지극하고 큰 것이다. 천지의 조화를 통할 수 있고 귀신의 덕을 감동시킬 수 있으며, 그것을 마음에 새겨서 잃어버리지 않으면 말하지 않아도 믿어지고 행하지 않아도 이뤄지는 것이니, 천하의 지극한 정성이 아니면 그 누가 능히 이 경지에 이르리요.

삼강三綱, 오륜五倫, 육예六藝, 팔정八政이 그 도구다. 그러므로 그것이 수신·제가·치국·평천하의 요긴한 도리인 것이다.

그 요긴한 여덟 가지가 있으니, 천하를 편하게 하는 도리는 나라를 다스리는 데 있고, 나라를 다스리는 요긴한 도리는 제가齊家에 있고, 제가하는 도리는 몸을 닦는 데修身 있고, 몸을 닦는 요긴한 도리는 마음을 바르게 함正心에 있고, 정심의 요긴한 도리는 뜻을 정성스럽게 함誠心에 있고, 성심의 요긴한 도리는 사물의 이치를 깨닫는 데致至格物에 있다. 송나라 옛 학자는 그 뜻을 부연하고 해설하여 황제에게 아뢰었다.

제가하는 요긴한 도리가 네 가지이니 배필을 소중히 여길 것, 궁내의 처리를 엄하게 할 것, 나라의 근본(태자)을 정할 것, 왕의 친척을 교양할 것이요. 몸을 닦는 요긴한 도리는 두 가지가 있으니 말과 행실을 삼갈 것, 위의를 바르게 할 것이요. 뜻을 정성스럽게 하고 마음을 바르게 하는 요체는 두 자기가 있으니 공경함과 두려워함을 숭상할 것이며, 안일함과 욕심을 경계할 것이요. 치지격물의 요체는 네 가지가 있으니 도술道術을 밝힐 것, 인재를 분별할 것, 다스림의 본체를 살필 것, 인정을 알아 살필 것입니다

이 여덟 가지 요긴한 도리는 곧 성인과 성인이 서로 전하는 심법이므로, 마땅히 거처하는 좌석 옆에 써 두고 『소학』의 〈가언嘉言〉〈선행善行〉편을 참고하여 밤으로 외우며, 낮으로 보아서 끊임없이 부지런히 노력하면 '사사로운 욕심의 한 근원을 끊음으로써 1만 배의 군사를 쓰는 것과 같다'는 효과를 얻을 것이다.

충심으로 너에게 주는 바이니

선생이 손수 〈한빙계〉 18조항을 주시면서 말씀하셨다.

옛 사람의 말에 청색이 쪽藍에서 나왔으면서 쪽보다 푸르고, 얼음이 물에서 나왔으면서도 물보다 차다고 한 것은 제자가 스승보다 나은 것을 칭찬한 말이다. 너의 재주와 덕으로, 비록 학문을 늦게 시작하였다하나 어찌 내가 가르친 소학만 공부하고 그칠 것인가. 그러므로 청색

과 얼음이라 하지 아니하고 '찬 얼음의 경계寒氷戒'라고 쓴 것은 그 공부가 나보다 훨씬 높기를 바라는 동시에 엷은 얼음 밟듯 하라는 뜻으로 경계함이다.

소학에 이르지 아니했는가? 증자曾子가 '깊은 못에 다다른 듯, 엷은 얼음을 밟듯 하라' 하신 것은 경계하고 삼가고 두려워함이 지극한 것으로, 실로 소학을 공부하는 대강령이 되는 것이다. 인의예지와 효제충신, 생각이 사특함이 없을 것, 공경하지 아니함이 없을 것, 공경함이 태만함을 이겨 낼 것, 구사九思, 구용九容, 쇄소응대灑掃應對하는 것, 스승을 높이며 벗을 친하는 도리가 모두 이 문호門戶를 통과해야 할 것이다.

만일 조심하고 두려워하는 정성이 깊지 않으면 경전을 공부하는 것이 겉치레만 되고 실지의 공부가 없게 될 것이다. 내가 소학을 읽은 이후로 전전긍긍하는 마음을 깊이 가져 일을 따라 행하여 보니, 이 마음이 언제나 가슴 속에 존재해 사지에 펴지고 하는 일에 표현되는 것을 스스로 알게 되었다.

이 '찬 얼음 몇 조각'은 실로 내가 충심으로 너에게 주노라. 혹시라도 이를 소홀하게 한다면 지금 세상에 화를 면하기 어려울 것이니, 어찌 경계하지 아니하겠는가? 주역의 '찬 것이 되고 얼음이 된다'는 말과 곤괘坤卦의 '서리를 밟으면 굳은 얼음이 온다'는 말은 모두 두려워하고 경계하며 삼가라는 뜻이다.

우형이 대답하기를 "알겠습니다. 감히 공경하지 아니하오리까"하고 선생께서 손수 써 주신 경계를 절하고 받으며, 겸하여 선생의 입으로 일러 주신 말씀을 끝에다 기록한다

3부

사회社會

세상이 행복해야
나도 행복하다

1장

공직의 도
벼슬의 길이 험하지만

벌슬은 도를 | 01
행하기 위한 것

선생께서 말씀하시기를 '벼슬을 하는 것은 도를 행하기 위해서이지, 녹봉을 받아먹기 위해서가 아니다'고 하셨다. 그러므로 벼슬자리에 있었던 40년 동안에 네 조정을 거쳤는데도 벼슬자리에 나아가고 물러나는 것과 오래 있고 바로 떠나는 것을 한결같이 의義에 따라서 하여, 의에 있어서 온당하지 못한 바가 있으면 반드시 몸을 거두어서 물러났다. 이와 같이 한 것이 전후로 일곱 차례였다.

학봉 김성일이 스승이 퇴계 이황의 언행을 기록한 내용 중 일부다. 이처럼 벼슬하는 것을 사리사욕을 채우고 명예를 얻기 위한 것이 아니라, 도道를 행하는 장으로 삼은 선비들이 적지 않았다. 이런 선비들의 올바른 기운이 조선 왕조가 세계 역사에서 유례를 찾기 어려울 정도로 긴 500년 동안 유지할 수 있게 한 힘이 되었을 것이다.

하지만 그런 공직자는 찾아보기 어렵고, 국익보다 개인이나 단체의 이익만 생각하는 공직자들이 수시로 국민들에게 실망을 안겨주는 일이 되풀이되고 있는 것이 작금의 현실이다.

병역기피, 위장전입, 부동산 투기, 세금탈루 등을 '솔선수범'하는 이들이 오히려 고위공직자들이다. 공직자들의 기운이 맑아지지 않으면 나라의 밝은 미래를 기약할 수 없다.

또한 상위권 대학입학을 위해, 좋은 학점을 취득하기 위해서는 불법행위도 서슴지 않는 등 수단과 방법을 가리지 않은 젊은이들의 행태가 수시로 언론에 보도되고 있다. 이들이 공직자가 되고 지도자가 되는 사회가 건강할 리가 없을 것이다. 선비들이 강조했던 위기지학爲己之學 교육이 절실한 현실이다.

'부득이하다'는
나라 망치는 말이다

이원조 _____

응와凝窩 이원조(1792~1871)는 일찍 과거에 급제한 후 순조·헌종·철종·고종 등 4조四朝에 걸쳐 벼슬생활을 63년간이나 한 인물이다. 그는 국정의 폐단을 개혁하고 민생을 안정시키기 위해 각별히 노력했다. 특히 지방관에 임명될 때마다 폐정을 과감히 개혁하며 민생을 돌보는 데 최선을 다했다.

그런 그였기에 국정의 폐단을 누구보다 잘 알았고, 그 처방전도 잘 제시할 수 있었다.

오늘날 나라 일을 맡은 자들은 오직 눈앞의 일만 처리하며 구차하게 세월 보내기를 계책으로 삼고 있다. 사사로움을 좇아 일을 처리하면서 '부득이하다不得已'라고 하고, 고치기 어려운 폐단이 있으면 '어쩌할 도리가 없다無奈何' 하니, '부득이' '무내하' 이 여섯 자야 말로 나라를 망치는 말이다. 요즘 같이 기강이 해이해진 시기에 정령을 시행하는 일은 참으로 어려운 바가 없지 않지만, 위에 있는 자들이 만약 과감한 뜻으로 쇄신해

백관들을 독려한다면 천하에 어찌 끝내 고치지 못할 폐단이 있을 것이며, 어찌 참으로 부득이한 일이 있겠는가?

예컨대 과거장에서 불법이 자행되는 폐단이 '무내하' '부득이'가 특히 심한 경우이지만, 이를 막으라는 어명이 내려질 때는 분명 실효가 있어 급제자 명단이 발표되기만 하면 사람들이 모두 공정하다고 생각한다. 그러니 이로 미루어보면 폐단을 고치고 바꾸기가 어렵지 않음을 알 수 있다. 그러나 기회를 놓치게 되는 까닭은 매번 규범을 지키고자 하는 마음이 견고하지 못하고 법의 시행이 엄격하지 못하기 때문이다.

그는 또 다음과 같이 분석하고 처방전을 내놓았다.

오늘날 백성들의 생활이 곤궁한 것은 오로지 수령의 탐학으로 말미암은 것이지만, 탐학이 수령의 죄만은 아니다. 재상이 사치하는 까닭에 수령에게 뇌물을 요구하지 않을 수 없고, 수령은 재상의 요구 때문에 백성을 착취하지 않을 수 없다. 1년에 한 번 하던 문안인사가 계절마다 하는 문안으로 바뀌고, 계절 문안은 매월 문안으로 바뀌었다. 옛날에는 음식이나 의복으로 하던 문안이 지금은 순전히 돈으로 변해 약값이라고 명목을 삼는데, 많으면 1천냥이요 적어도 100냥을 내려가지 않는다. … 뇌물을 받는 재상부터 먼저 형벌로 다스리는 것이 사치한 세태를 혁파해 질박하고 검소한 풍속으로 되돌리는 발본색원의 방법이 될 것이다.

권벌 _____

봉화 닭실마을에 있는 정자인 청암정의 주인공으로, 조선 중기 문신인 충재 권벌(1478~1548)은 후덕한 면모 속에 '죽음으로도 뺏을 수 없는 절의'를 지녔던 대표적 인물이었다. 그는 평생 흐트러짐 없는 절의 정신과 '공公'에 입각한 신념으로 일관한 삶을 살았다.

권벌은 벼슬길로 나선 이후 오랜 관료생활 동안 줄곧 '공公'을 우선시하며 행동했다. 1512년(중종 7) 8월, 충재는 경연經筵(임금에게 경서나 역사를 강론하는 자리)에서 "무릇 시종侍從하는 신하는 생각한 것이 있으면 반드시 말하는 것이니, 말하는 것이 만약 '사私'라고 하면 그르거니와 그것이 '공公'이라면 어찌 꺼려하며 말하지 않겠습니까. 임금은 마땅히 악한 것은 숨기고 착한 것은 드러내야 하는 것이니, 착한 말은 써주고 악한 말은 버리는 것이 마땅합니다."라고 역설했다.

그는 공에 해당하는 것이면 어떤 사안이라도 말해야 한다는 입장이었다. 아울러 그는 임금 역시 임금 자리를 공으로 여기는 군주관이 필요함을 강조했다. 1518년(중종 13) 6월에는 "요순은 천하를 만백성의 소유로 보고 자기 자신을 그것과 상관이 없는 것으로 여겼던 사람이

권벌이 소매 속에 넣고 다니며 애독하던 책 「근사록」

었습니다. 임금이 그 자리를 천하의 공기公器로 여긴다면 그 마음은 넓게 두루 미쳐서 백성에게 은혜를 입힐 수 있지만, 만약 천하를 자기의 소유물로 여긴다면 사사로운 일만을 생각하고 또 욕심이 일어나게 되어 자신을 위하고 욕심을 채우는 일만 하게 됩니다. … 말세의 임금들은 그 지위를 자신의 사물로 여긴 나머지 조금만 급박한 일이 있을 것 같으면 사람들을 모조리 죽여 없앴는데, 이는 모두 그 사심에서 나오는 것입니다"고 했다.

그는 공을 생각한다면 어떤 사안이라도 군주에게 말해야 하고, 옳다고 생각한 바를 꾸밈없이 그대로 말하는 것을 공이라고 간주했다. 그리고 어떤 환경에서도 자신의 안위를 돌보지 않고 조금도 주저함이 없이 옳다고 믿는 바를 적극적으로 주장하는 면모를 보였다.

이런 권벌에 대해 사신史臣은 '충성스런 걱정이 말에 나타나고 의기가 얼굴색에 드러나 비록 간신들이 늘어서서 으르렁거리며 눈을 흘기는데도 전혀 개의하지 않고 늠름한 기상이 추상같았으니, 절의를 굳게 지키는 대장부라 일컬을 만했다'라고 기록하고, 또한 '머리를 베고 가슴에 구멍을 낸다 해도 말을 바꾸지 않을, 실로 무쇠 같은 사람眞鐵漢이었다'라고 평했다.

전하 때문에 │ 05
소통이 안 됩니다

이동표 _____

'남자는 모름지기 천 길 절벽에 선 듯한 기상이 있어야 한다'며 스스로를 경계했던 난은^{懶隱} 이동표(1644~1700) 또한 청렴강직한 문신으로 이름이 높았던 인물이다. 그는 당시 조정 동료들로부터 '오늘날의 작은 퇴계'라 불리기도 했을 정도였다.

그가 사간원 사간이 되어 시정을 논한 논시정소^{論時政疏}다.

사대부의 출처거취가 올바르지 못해 승진을 다투어 관기^{官紀}가 극도로 혼탁함에도 대각^{臺閣}(사헌부와 사간원)이 바로잡지 못함은 직책을 다했다고 할 수 없고, 전하가 간신^{諫臣}을 대하는 도리 또한 다하지 못해 10대간^{臺諫}이 굳이 다투어도 1대신^{大臣}이 말 한마디로 제지하며 잘난 듯이 남의 뜻을 꺾으면서 가슴을 헤쳐 받아들이는 아량이라고는 없으니 오늘날 언로가 막힌 것이 어찌 제신^{諸臣}들만의 탓이겠습니까?

임금과 신하가 서로 정의^{情意}가 통하지 못해 독촉과 견책이 따르게 되니, 신하는 임금의 뜻에 어긋날까 두려워 아유구용^{阿諛苟容}(아첨하는 일)을 일삼아서 이른바 '황공대죄^{惶恐待罪} 승정원^{承政院}이요 상교지당^{上敎至}

이동표 묘

當 비변사備邊司'라는 옛말이 불행히도 오늘의 현상입니다.

등용할 때는 마치 무릎에라도 올려놓을 듯이 하다가 쫓아낼 때는 마치 깊은 못에라도 떨어뜨릴 듯하여 환국이 있을 때마다 형벌과 살육이 자행되니, 어찌 국맥이 병들지 않으며 민심이 동요되지 않겠습니까. 전하께서 제신을 위해 은혜와 원수를 쾌히 갚았다고 하겠으나 나라의 위망危亡이 따라올 것이니 어찌 두렵지 않겠습니까. … 원컨대 전하께서 사私를 억누르시고 귀와 눈을 밝히신다면 귀위貴威들이 입을 열지 못할 것이요, 저희들 청의清議를 가진 신하들이 임금을 더 의지할 것입니다._____

올바른 정신을 가진 임금이라면 잘못을 깨닫고 반성하지 않을 수 없는, 신랄한 충간이다. 난은은 "하는 바가 없이 하는 것이 의義이고, 하는 바가 있어 하는 것이 이利이다"라고 말하곤 했다.

관리의 마음은 지극히 맑아야 한다 | 05

이황 _____

퇴계 이황(1501~1570)은 벼슬하는 아들이 집으로 물건을 보내오자 편지를 보내 잘못을 지적했다.

네가 어버이를 봉양하는 마음으로 나에게 여러 가지 물건을 보내왔구나. 그러나 이런 물건들은 한 고을을 다스리는 네가 사적으로 어버이에게 보내서는 안 되는, 매우 부적절한 것들이다. 나는 처음부터 너의 고을에 번거로움을 끼치지 않으려고 하는데, 네가 이처럼 물건을 보내오면 내 마음이 어떠하겠느냐. … 나의 뜻을 자세히 살펴주기 바란다.

1570년, 퇴계가 별세한 해 가을의 일이다. 아들이 봉화에서 감 한 접을 보내오자 퇴계는 또 다음 편지와 함께 감을 돌려보냈다.

벼슬을 하고 있으면 많이 접근해 오므로 다른 때보다 더 조심해야 한다. 평범한 재주의 네가 쇠잔한 고을을 맡아가지고 공사의 일을 양쪽 다 능히 해낼 수 있을까. 이것이 내가 깊이 근심하는 일이다. 그런데 관물官

이황 묘 앞에 있는 비석

物을 인정 쓰는데 다 써 버린다는 것은 국가에 죄를 짓는 일이다. 봉화에서 보낸 물건은 누가 갖다 준 것이더냐? 이번에 보낸 감 한 접은 되돌려 보내니 관에서 쓸 곳에 충당해라.

퇴계는 이처럼 죽기 직전까지도 관리가 지켜야 할 도리를 가르쳤다. 퇴계는 관리를 다른 말로 냉관冷官이라 말하고, 냉관은 그 마음이 청렴하고 고요하며 담백해야 한다고 가르쳤다. 자신이 관료생활을 할 때 이를 실천했고, 출사하는 집안사람들에게도 누누이 가르치고 강조했다.

모든 일에 삼가고 조심해라. 후회스럽고 부끄러운 일은 저지르지 마라. 관리의 마음은 지극히 맑아야 하고, 욕심을 버리지 않으면 부정한 일을 꼭 저지르고 만다. 항상 조심하고 경계하라.

이利를 좋아하는 자는 자신을 위하고 | 06

이이 _____ 오늘날의 인심과 제도가 이 지경이 된 것을 보면 전하의 정치와 교화가 훌륭하지 못해서 그런 것이 아니겠습니까.

성색聲色을 좋아하다 보면 황음荒淫만 즐기게 되어 그것이 독보다 나쁜 것인 줄 알지 못하게 되고, 재화를 좋아하다 보면 거두어들이는 것만 일삼게 되어 백성들이 흩어지는 것을 알지 못하며, 놀기만 좋아하다 보면 절도 없는 놀이에 정신이 팔려 잘못된 정치가 해를 끼치고 있음을 느끼지 못하게 됩니다. … 전하께서 총명이 남보다 뛰어나고 기개가 한 세상을 다스릴 만하지만, 성상의 학문이 진보되지 않고, 도량이 넓어지지 않기 때문에 선비를 가볍게 여기는 뜻을 가져 그 사람을 불신하고 그 사람의 말을 채택하지 않는 경향이 있습니다.

선비 중에 쓸 만한 재능을 가진 자가 있으면 그가 일을 좋아할까 걱정하시고, 곧은 말로 간쟁하는 자가 있으면 그가 명령을 어길 것이라고 여겨 싫어하시며, 유자儒者의 행실을 수행하고자 하는 자가 있으면 그가 교만하게 꾸민다고 의심하시니, 어떤 도를 배우고 어떤 계책을 말씀드려야 성상의 마음에 맞아 신용을 받을 수 있겠습니까. 의義를 좋아하는 자는 국가를 위하고, 이利를 좋아하는 자는 자기 집을 위하기 마련입니다.

전하께서 세상의 일을 유념하고 계시며, 백성들의 삶을 염려하고 계시지만, 지금까지 정사의 폐단을 한 가지도 고치지 못했고, 백성이 받고 있는 고통을 한 가지도 해결하지 못하고 있는 것은 전하께서 옛날 법규만 굳게 지키시고 변통할 것을 생각하지 않기 때문입니다. 옛날부터 제왕이 왕업을 이룩하고 법을 제정할 때는 비록 진선진미했다고 하더라도, 시대가 변하고 사태가 달라지고 법이 오래되면 폐단이 생기는 것으로 볼 때, 후세의 자손으로 선대의 사업과 뜻을 잘 계술繼述하는 자는 반드시 편의에 따라 고쳐야 하고 옛 법만 고집하지 않아야 합니다.

자손이 조상이 물려준 큰 집을 지키면서 오래도록 수리하지 않아서 들보와 기둥이 썩고 기와와 벽돌이 깨져 제대로 지탱하지 못하고 그 형세가 장차 무너지게 되었다면, 팔짱만 끼고 앉아서 그 쓰러져가는 모습을 보고만 있는 자를 어떻게 계술을 잘했다고 하겠습니까? 반대로 깨진 기와를 바꿔 끼우고 썩은 기둥과 들보를 갈아 내는 자에 대해 잘 유지해 지키지 못한다고 말할 수 있겠습니까?_____

율곡栗谷 이이(1536~1584)가 1577년 5월 선조에게 올린 상소인 만언봉사萬言封事에 나오는 내용이다. 율곡의 친구인 우계牛溪 성혼(1535~1598)은 이 글을 읽어보고 '참으로 곧은 말로 극진하게 간한 경국제세經國濟世의 글'이라고 극찬했다.

죽음을 무릅쓰고 아룁니다 | 07

조식 _____ 선무랑宣務郎(종6품 품계)으로 새로 단성 현감丹城縣監(종6품 직)에 제수된 신臣 조식, 황공하여 머리를 조아리고 주상 전하께 상소를 올립니다. 삼가 생각하건대 선왕先王께서 저의 변변치 못함을 모르시고 처음 참봉參奉(종9품직)을 제수하셨습니다. 그리고 전하께서 왕위를 계승하신 후에 주부主簿(종6품직)를 두 번씩이나 제수하시었고, 이번에 다시 현감에 제수하시니 두렵고 불안한 것이 산을 짊어진 것 같습니다.

그런데도 오히려 임금 앞에 나아가 하늘과 같은 은혜에 사례하지 못합니다. … 감히 큰 은혜를 사사로이 여길 수는 없으나 머뭇거리면서 나아가기 어려워하는 뜻을 전하께 아뢰지 않을 수 없습니다.

신이 나아가기 어렵게 여기는 데에는 두 가지 이유가 있습니다. 지금 신의 나이 육십에 가까웠으나, 학술이 거칠어 문장은 병과丙科(과거 급제 마지막 등급)의 반열에도 끼지 못하고, 행실은 물을 뿌리고 빗질을 하는 일을 맡기에도 부족합니다. 과거 공부에 종사한 지 10여 년에 세 번이나 낙방하고 물러났으니, 당초에 과거를 보려 하지 않았던 것이 아닙니다. 설사 과거를 탐탁하게 여기지 않았다 하더라도 마음이 조급하고 평범한 한 사람에 불과하고 큰일을 할 만한 온전한 인재가 아닌데, 하물며 사람

조식의 「신명사도(神明舍圖)」

의 선악이 결코 과거를 도모했느냐의 여부에 달려 있는 것이 아닌 데에
있겠습니까.

　미천한 신이 분수에 넘치는 헛된 명성으로 집사執事(신하)를 그르쳤
고, 집사는 헛된 명성을 듣고서 전하를 그르쳤는데, 전하께서는 과연 신
을 어떤 사람이라 여기십니까. 도道가 있다고 여기십니까, 문장에 능하
다고 여기십니까? 문장에 능한 자라 하여 반드시 도가 있는 것은 아니
며, 도가 있는 자가 반드시 신과 같지는 않다는 것을 전하께서만 모르
고 계신 것이 아니라 재상들도 모르고 있습니다. 사람의 됨됨이를 모르
고서 기용하였다가 훗날 나라의 수치가 된다면 그 죄가 어찌 미천한 신

에게만 있겠습니까. 헛된 이름으로 출세를 하는 것보다는 곡식을 바쳐 벼슬을 사는 것이 낫지 않겠습니까. 신은 차라리 제 한 몸을 저버릴지언정 차마 전하를 저버리지 못하겠으니, 이것이 나아가기 어려워하는 첫째 이유입니다.

전하의 국사國事는 이미 그릇되고 나라의 근본이 이미 망해, 하늘의 뜻이 이미 떠나고 인심도 이미 떠났습니다. 비유하자면, 마치 일백 년이 된 큰 나무에 벌레가 속을 갉아 먹어 진액이 다 말랐는데 회오리바람과 사나운 비가 언제 닥쳐올지를 전혀 모르는 것과 같이 된 지가 이미 오래입니다.

조정에 충의忠義로운 선비와 근면한 양신良臣이 없는 것은 아니나, 그 형세가 극도에 달해 지탱해 나아갈 수 없어 사방을 돌아보아도 손을 쓸 곳이 없음을 이미 알고 있기에, 아래의 소관小官(하급관리)은 히히덕거리면서 주색이나 즐기고 위의 대관大官(상급관리)은 어물거리면서 뇌물을 챙겨 재물만을 불리면서 근본 병통을 바로잡으려고 하지 않습니다. 더구나 내신內臣(중앙관직 관리)은 자기의 세력을 심어서 못 속의 용처럼 세력을 독점하고, 외신外臣(외관직 관리)은 백성의 재물을 긁어 들여 들판의 이리처럼 날뛰니, 이는 가죽이 다 해지면 털도 붙어 있을 곳이 없다는 것을 모르는 처사입니다.

신은 이 때문에 낮이면 하늘을 우러러 깊은 생각에 장탄식을 한 것이 한두 번이 아니며, 밤이면 멍하게 천정을 쳐다보고 한탄하며 아픈 가슴을 억누른 지가 오래입니다.

자전慈殿(문정대비)께서 생각이 깊다고 하지만 역시 깊은 궁중의 한 과부에 불과하고, 전하께서는 어리시어 단지 선왕의 한낱 외로운 후사後嗣

에 불과합니다. 그러니 수많은 종류의 천재天災와 억만 갈래의 인심을 무엇으로 감당해내며 어떻게 수습하겠습니까? 강물이 마르고 곡식이 비 오듯 떨어져 내렸으니, 이는 무슨 조짐입니까? 음악 소리는 슬프고 옷은 소복이니, 형상에 이미 흉한 조짐이 나타났습니다.

이러한 시기를 당해서는 아무리 주공周公과 소공召公의 재주를 겸한 자가 대신大臣의 자리에 있다고 하더라도 어쩔 수가 없을 것인데, 더구나 초개草芥(지푸라기)같은 일개 미천한 자의 자질로 어쩌하겠습니까? 위로는 위태로움을 만 분의 일도 구원하지 못하고 아래로는 백성에게 털끝만큼의 도움도 되지 못할 것이니, 전하의 신하 되기가 역시 어렵지 않겠습니까. 하찮은 명성을 팔아 전하의 관작官爵을 사고 녹을 먹으면서 맡은 일을 해내지 못하는 것은 또한 신이 원하는 바가 아닙니다. 이것이 나아가기 어려워하는 둘째 이유입니다.

그리고 신이 보건대 근래 변방에 변變이 있어 여러 대부大夫들이 제때 밥을 먹지 못합니다. 그러나 신은 이를 놀랍게 여기지 않습니다. 이번 사변은 20년 전에 비롯되었지만 전하의 신무神武하심에 힘입어 지금에야 비로소 터진 것으로, 하루아침에 생긴 것이 아니기 때문입니다.

평소 조정에서 재물로 사람을 임용해 재물만 모으고 민심을 흩어지게 하였으므로, 필경 장수 중에는 장수다운 장수가 없고 성에는 군졸다운 군졸이 없게 되었으니, 적들이 무인지경처럼 들어온 것이 어찌 괴이한 일이겠습니까? 또한 대마도의 왜놈들이 몰래 앞잡이와 결탁하여 만고의 무궁한 치욕을 안겼는데, 왕의 위엄을 떨치지 못하고 담이 무너지듯 패하였으니, 이는 구신舊臣을 대우하는 의義는 주나라 법보다도 엄하면서도 구적仇賊(원수)을 총애하는 은덕은 도리어 망한 송나라보다 더한 것이 아니겠습니까?

세종께서 남정南征하시고 성종께서 북벌北伐하신 일을 보더라도 언제 오늘날과 같은 적이 있었습니까? 그러나 이와 같은 것은 겉에 생긴 병에 불과하고 속에 생긴 병은 아닙니다. 속병이란 걸리고 막히어 상하가 통하지 못하는 것이니, 이 때문에 신하가 목이 마르고 입술이 타도록 분주하게 수고하는 것입니다. 근왕병을 불러 모으고 국사를 정돈하는 것은 구구한 정형政刑에 있는 것이 아니고, 오직 전하의 한 마음에 달려 있을 뿐입니다.

알지 못하겠으나, 전하께서 좋아하시는 바는 무엇입니까? 학문을 좋아하십니까, 풍류와 여색을 좋아하십니까, 활쏘기와 말 달리기를 좋아하십니까, 군자를 좋아하십니까, 소인을 좋아하십니까. 좋아하시는 바에 따라 존망이 달려 있습니다.

진실로 어느 날 척연히 놀라 깨닫고 분연히 학문에 힘을 써서 홀연히 덕을 밝히고 백성을 새롭게 하는 도리를 얻게 된다면, 덕을 밝히고 백성을 새롭게 하는 도리 속에 모든 선이 갖추어 있고 모든 덕화德化도 이것에서 나오게 될 것입니다. 그렇게 되면 나라를 고루 공평하게 할 수 있고 백성을 화평하게 할 수 있으며, 위태로움도 편안하게 할 수 있습니다.

그러한 요체要諦를 보존하면 모든 사물을 정확하게 볼 수 있고 공평하게 헤아릴 수 있어 사특한 생각이 없어질 것입니다. 불씨佛氏(불교)가 말한 진정眞定이란 것도 이 마음을 보존하는 데 있을 뿐이니, 위로 천리를 통달하는 데 있어서는 유儒와 불佛이 마찬가지입니다. 다만, 인사人事를 행하는 데 있어 실제 실천하는 것이 없기 때문에 우리 유가儒家에서 배우지 않는 것입니다. 전하께서는 이미 불도佛道를 좋아하시니, 만약 그 마음을 학문하는 데로 옮기신다면, 이는 우리 유가의 일이니 어렸을 때에 잃어버렸던 집을 찾아서 부모와 친척, 그리고 형제와 친구를 만나보는 것과 무엇이 다르겠습니까?

더구나 정사政事를 하는 것은 사람에게 달려 있는 것이고, 사람을 임용하는 것은 자신의 몸을 닦음으로써 하는 것이며, 몸을 닦는 것은 도道로써 하는 것입니다. 전하께서 사람을 등용하는 데 자신의 몸을 닦음으로써 하신다면, 신하들 모두가 사직社稷을 보위하는 사람들일 것인데 아무 일도 모르는 소신 같은 자가 무슨 필요가 있겠습니까.

만약 사람을 겉만 보고 취한다면 자리 밖에서 모두 속이고 등지는 무리일 것인데, 주변 없는 소신 같은 자가 또 무슨 필요가 있겠습니까? 뒷날 전하의 덕화가 왕도의 경지에 이르게 되신다면 신도 마부의 말석에서나마 채찍을 잡고 마음과 힘을 다하여 신하의 직분을 다할 것이니, 전하를 섬길 날이 어찌 없겠습니까?

삼가 바라건대, 전하께서는 반드시 마음을 바로잡는 것으로 백성을 새롭게 하는 요체를 삼으시고, 몸을 닦는 것으로 사람을 임용하는 근본을 삼으셔서 왕도의 법을 세우시기 바랍니다. 왕도의 법이 법답지 못하게 되면 나라가 나라답지 못하게 됩니다. 삼가 밝게 살피소서. 신 조식, 황송함을 가누지 못하고 삼가 죽음을 무릅쓰고 아뢰옵니다. _____

사림士林의 종사宗師로 추앙받던 조식(1501~1572)이 단성현감에 제수된 것은 국정의 피폐함이 극에 달했던 명종 11년(1555년)이다. 남명은 현감직을 사양하며 상소문을 올린다. 유명한 이 상소문은 '단성소

丹城疏' 혹은 '을묘사직소乙卯辭職疏'라고 한다.

극언極言으로 왕과 대비를 진노하게 하고, 조정의 중신들을 놀라게 하며, 일반 사람들까지 겁에 질려 손에 땀을 쥐게 한 '단성소'다.

2장

산행의 도
산을 오르며 깨닫는 것들

선비의 산행은 | 01
마음수양의 수단이다

『논어』에 '지자요수智者樂水 인자요산仁者樂山'이라는 말이 있다. 건강한 지성을 갖추고 어진 마음을 지닌 사람이라면 자연과의 진정한 만남을 중요시해야 한다는 의미다. 우뚝하게 서서 흔들림 없이 고요한 것이 산의 본질임을 알고 그 고요함을 본받아 인의 덕을 확충하며, 흐르는 물을 본질을 알고 그 움직임을 살펴 막히지 않은 지혜를 체득하도록 하자는 것이다. 선비들의 산행은 단순한 산행이 아니라, 마음 수양의 과정이었던 것이다.

강희맹(1424~1483)이 자식들에게 훈계의 글로 써 준 다섯 편의 글 가운데 '등산설登山說'이 있는데, 내용은 다음과 같다.

노魯나라 백성에게 아들 세 형제가 있었다. 갑은 착실하나 다리를 절고, 을은 호기심이 많고 몸은 완전하며, 병은 경솔하나 용력이 남보다 나았다. 하루는 을과 병이 태산泰山 일관봉日觀峰에 누가 먼저 오르나 내기를 하기로 하자, 갑도 함께 오르기로 했다. 그런데 을과 병은 제힘만 믿거나 게을리 해서 정상에 오르지 못했다. 갑만이 스스로 선을 긋지 않고 포기하지 않아서 정상의 아름답고 기이한 장관을 전부 구경할 수 있었다.

강희맹은 말한다. "아, 덕업德業을 진수進修하는 차례와 공명을 성취하는 길에서 낮은 데로부터 높은 데 오르고, 아래로부터 위로 가는 것이 모두 이렇지 않은 것이 없다."

선비들은 이처럼 산행을 도를 깨달아 확인하고 다지는 장으로 삼았다. 또한 선비들은 자신이 과거에 정리한 유산록遊山錄을 다시 읽거나, 다른 사람이 기록한 유산록을 읽으면서 마치 스스로 산에 노니는 것 같은 기쁨을 누리기도 했다. 이를 와유臥遊라고 했다. 유산록의 명문장들을 골라 별도로 묶어 수시로 애독하는 이들도 있었다.

선비들이 남긴 유산록 중 눈길 끄는 글들을 몇 편 소개한다.『산문기행』(심경호 저)에 수록된 선비들의 유산록 중에서 골라 그 일부를 인용한다.

여염집들이 마치 | 02
고기비늘처럼 빽빽하다

김상헌 _____ 한양의 산은 삼각산에서 나와 왕도王都의 진산鎭山을 이룬 것이 공극봉이고, 공극봉이 고개에서 나뉘어 구불구불 뻗어 서쪽으로 끌어안고 남쪽으로 에워싸고 있는 것이 필운봉이다. 나는 두 산 아래에 집을 정해 아침저녁으로 출입하고 기거했으므로 산과 접하지 않은 적이 없었다.

산도 우리 집 마루와 창, 궤 안에 다투어 들어와서 더욱 친해지려고 하는 듯했다. 이 때문에 늘 누워서 눈길을 보냈을 뿐, 한 번도 골짜기 안으로 가본 적이 없었다.

갑인년(1614년) 가을, 모친께서 안질이 생겼다. 좋은 샘물이 서산에 나서 병든 사람이 씻으면 왕왕 효험이 있다는 말을 듣고, 마침내 날을 잡아 길을 떠났다. 형님(김상용)과 나, 광찬과 광숙이 함께 갔다.

인왕동으로 들어가 예전에 우의정을 지낸 양곡陽谷 소세양의 옛집을 지났다. 청심당, 풍천각, 수운헌이라고 이름을 붙인 건물들은 무너진 문과 부서진 주춧돌만 남아 있어 거의 알아볼 수 없었다.

양곡은 문장으로 당대에 현달하고 부귀했던 데다가 또 집을 잘 설계한다는 명성이 있어, 건물의 꾸밈이 매우 교묘하고 화려했다. 사귄 사람들도 모두 한때 문장으로 이름을 날린 사람들이었다. 그가 짓고 읊조린 시문들은 반드시 기록해 후대에 전할 만한 것이었을 텐데, 100년도 채 되지 못한 지금 한둘도 남아있지 않다. 선비가 의지해 후대에 베풀 바는 그런 것에 있지 않은 것이다.

그곳을 거쳐 위로 올라갔다. 깎아지른 절벽과 날리는 샘물, 푸른 풀과 파란 언덕 곳곳이 즐길 만했다. 다시 그곳을 지나서 더 위로 올라갔다. 돌길이 비뚤비뚤하므로 말을 놓아두고 걸어갔다. 두 번 쉬고 나서야 샘이 있는 곳에 이르렀다. 지세가 공극봉의 딱 반에 해당한다. 큰 바위 하나가 우뚝 지붕을 인 것처럼 서 있었다. 바위 귀퉁이를 깨어 처마처럼 만들었는데, 예닐곱 사람이 눈비를 피할 수 있게 되어 있다.

샘물은 바위 밑 작은 틈에서 솟아 나오는데, 수맥이 매우 가늘다. 밥 한 끼 먹을 정도의 시간 동안 기다리고서야 구멍의 3분의 1 정도가 채워졌다. 구멍 둘레는 겨우 맷돌만하고 깊이도 무릎이 잠길 정도밖에 되지 않았다. 샘물 맛이 떫지 않고 달았지만 그다지 시원하지는 않았다.

샘물 곁에는 지전紙錢이 어지럽게 붙어 있다. 무당이 영험을 비는 곳이라 그렇다. 석굴 앞의 흙으로 된 언덕은 평평하다. 동서 길이가 겨우 수십 보밖에 되지 않는다. 어떤 이는 말하기를 북으로 돌아가서 골짜기를 마주한 곳에도 폐허가 된 절터가 있지만, 유적이 인멸되어 아무것도 알아볼 수 없다고 한다. 이전에 들으니, 도읍을 처음 정할 때 인왕산의 석벽에 단서丹書가 나왔다고 하지만, 그 또한 어디인지 알 수가 없다.

산은 전부 돌로 몸체를 이루었다. 정상에서 중간 부분까지는 높은 석대와 험준한 바위, 아슬아슬하게 높은 봉우리와 첩첩 포개진 절벽이 곧게 서 있거나 옆으로 늘어서 있다. 위를 쳐다보면 병기를 세워 놓거나 갑옷

정선 작 「인왕제색(仁王霽色)」, 조선시대

을 포개어 놓은 듯해, 그 기이한 모습을 이루 다 묘사하기 어렵다.

산의 지맥이 이어져 묏부리가 되고, 여러 묏부리가 나누어져 골짜기가 되었다. 골짜기 안에는 모두 샘물이 흘러나온다. 맑은 물이 돌에 부딪히는 것이 일만 개의 옥이 쟁그랑거리는 것 같다.

자연 경관이 정말 도성 안에서 제일가는 곳이다. 다만 한스러운 것은 법으로 금하는 것이 느슨해서 온 산에 한 길 이상 되는 큰 나무가 없다는 점이다. 해를 가릴 정도로 울창한 소나무와 전나무, 언덕에 빽빽하게 서 있는 단풍나무와 녹나무가 바람에 '쏴'하고 소리를 내면서 달 뜬 저녁 눈앞에서 아스라이 펼쳐진다면, 신선 사는 봉래산이나 곤륜산 낭원이라 하더라도 굳이 부러워할 것이 있겠는가?

뒤로 굽은 성이 매우 가까워 보이기에 종을 시켜 길을 찾게 했더니, 길이 험해 오르기 어렵다고 했다. 광찬과 광숙이 날랜 걸음으로 갔다가 왔다가 하면서 본 것을 말했다.

"사현沙峴의 행인이 개미처럼 조그마합니다."

"마포강의 바람을 받은 배가 몇 척인지 역력히 헤아릴 수 있습니다."

나는 혼자 탄식했다.

"나이도 차기 전에 아주 쇠약해지고 말았구나. 가까운 거리라 해도 썩썩하게 걸음을 내딛을 수 없더니, 험한 곳은 만나 걸음을 멈추게 되는구나. 이래서야 어찌 도열한 사람들 틈에 나아가 힘을 내어 젊어서 배운 바를 펼치고, 도를 행해 남에게 미치게 할 수 있겠는가?"

백형과 함께 남봉南峯에 올랐다. 남봉 아래 주고酒庫가 있다. 두 채의 행랑이 마주보고 연이어 10여 칸으로 지어져 있다. 술기운이 뻗치므로 날아가는 새도 이곳에는 모이지 않는다. 저 많은 광약狂藥(술)이 온 세상 사람들을 다 취하게 만들지도 모를 일이다.

앞쪽으로 남산을 바라보았다. 어린아이를 어루만지는 듯한 형상이다. 남쪽의 성이 산허리에 굽어있는데 구불구불 뻗어나가 마치 용이 누워 있는 것 같다. 그 아래 어찌 인걸이 용처럼 누워 있을 수 있겠는가. 인걸은 이제 필시 여기에 있지 못할 것이다.

여염집 1만 채가 땅에 붙어 있어, 마치 고기비늘처럼 빼곡하다. 전쟁이 끝난 후 23년, 태어난 아이들이 나날이 늘어가고 집들이 많아지는 것이 이처럼 왕성하다. 그 가운데 남자는 대략 헤아려도 수십만 명 아래는 아닐 것이지만, 한 사람이라도 임금을 보좌해 요순시절을 만들 수 있는 이가 없다. 나라의 힘이 더욱 약해지고 백성들이 더욱 사나워지며 변방은 더욱 소란해져, 나라가 허물어진 것이 오늘의 지경에 이르도록 하고 있을 뿐이다.

하늘이 재주 있는 이를 내리는 것이 어찌 이다지도 인색하단 말인가. 아니면 재주 있는 이를 내렸으되 알지 못해 쓰지 못하는 것인가? 어찌 운명이 아니겠는가?

경복궁의 빈 정원은 성곽이 무너지고 목책이 듬성듬성하다. 용과 봉을 새긴 전각들은 모두 무성한 잡초에 묻히고, 그저 경회루 앞의 못에 연꽃잎이 바람에 흔들리며 석양에 어른어른 하는 것만 보인다.

앞에서 어진 이를 막아서 나라를 그르쳐 외적이 이르게 하고 궁을 가시덤불로 뒤덮이게 하며, 뒤에서 부추기는 상소를 올려 총애를 구하며 사악한 말을 하고 궁궐을 폐하게 한 간신의 죄는 어찌 죽이는 것만으로 그칠 수 있겠는가?

동궐東闕(창경궁)의 두 전각이 우뚝 솟아 붉은빛과 흰빛이 중천에 어리고, 금원禁苑의 소나무와 잣나무는 울울창창하다. 날랜 군사와 용맹한 병사들이 호위하는 속에 맑은 궁궐로 주상께서 납시는 광경이 보이는 듯하다. 제왕의 거처가 폐하고 흥하는 것은 진실로 운수가 있는 법이다. 그곳에 임하시는 것도 아마 운수인 것 같다.

동쪽으로 바라보니 흥인문興仁門의 아스라한 건물이 높다랗게 서 있다. 종로 큰길이 한 가닥으로 통해 있다. 좌우에 늘어선 저자는 마치 별들이 궤도를 따라 도는 듯 가로세로 질서정연하다. 그 사이에 수레를 몰고 말을 타기도 하며 급히 치달리거나 여럿이 모여 있기도 하는데, 모든 것이 이익을 도모하는 자들이다. 당시唐詩에서 이른바 '서로 만나느라 늙는 줄 모른다相逢不知老'라고 한 것이 정말 절묘한 표현이다.

불암산의 푸른 산빛을 바라보니 움켜쥘 수 있을 듯하다. 바위 봉우리가 빼어나 범상한 모습이 아니다. 가까이에서 궁실을 보좌하는 동쪽 진산鎭山이 되어 서쪽·남쪽·북쪽의 산과 함께 솟아 있었더라면, 바위들의 치달리는 듯한 형상이 실로 나라의 형세를 웅장하게 했을 것이다. 그렇거늘 멀리 수십 리 밖 교외에서 마치 황야에 은둔한 사람처럼 서 있으니 조물주의 뜻이 자못 애석하다.

아아, 아침저녁 기거하는 곳에서 늘 접하던 것을 태어난 지 45년이 되어서야 처음 한 번 올라보았다. 천지는 여관과 같고 세월은 탄환처럼 흐르거늘, 우주에서 형체를 빌어 바람 속의 물방울처럼 떠다니며 멀어졌다 가까워졌다 흩어졌다 모였다 하면서, 이 모든 것을 스스로 어쩌지 못하고 있다.

이제 남은 생애가 몇 년인지 알 수 없다. 어머니와 형을 모시고 조카를 데리고, 다시 이 산을 유람하면서 먼 곳을 바라보고 하루의 즐거움을 영원하도록 하는 것을 어찌 다시 기약할 수 있겠는가? 이 때문에 느낀 바를 글로 써서 해와 때를 기록한다._____

김상헌(1570~1652)이 서산, 즉 서울 인왕산을 오른 뒤 지은 글이다. 그가 인용한 당시는 맹교孟郊의 오언절구 '유순을 전송하며送柳淳'로 아래와 같다.

청산은 황하에 임해 있고靑山臨黃河
그 아래 장안 가는 길 있네下有長安道
세상의 명리인들은世上名利人
서로 만나느라 늙는 줄 모르네相逢不知老

청산과 황하는 온전한 조화의 세계이지만, 그 아래에 나 있는 장안 가는 길에서는 명성과 이욕을 추구하는 이들이 서로 속내를 숨기고 만나면서 늙음과 죽음이 다가오는 것도 모르고 있다며 세태를 풍자하고 있다.

03 | 새들이 욕심을 잊고
유유자적하더니

주세붕 _____ 계미일, 걸어서 문수사에서부터 보현암을 거치고 절벽을
돌아 몽상암夢想庵에 이르렀다. 벼랑길이 끊어져 두 개의 나무를 꺾어다
걸쳐서 잔도棧道를 통하게 했는데, 아래를 내려다보니 깊이를 헤아릴 수
가 없고 두 다리가 후들거리고 모골이 쭈뼛하였다. 게다가 문원文園: 司
馬相如처럼 소갈병이 있어 목구멍에 연기가 나는 듯했다. 비폭飛瀑이 있는
것을 보고, 절벽 사이로 두레박을 떨어뜨려 물을 길어 소라 물그릇으로
마셨다. 그러자 오장이 신선처럼 원기를 되찾았다.

층층 돌계단을 올라가서 마침내 암자에 들어갔다. 암자의 서쪽에는 가
파른 절벽이 천 인 높이로 서 있는데, 끊어진 골짜기를 굽어보고 있다. 연
대사蓮臺寺 위쪽의 경계다.

승려 조안祖安은 나이가 거의 일흔이 다 되었으나, 걷는 것이 아주 민
첩하고 깊이를 헤아릴 수 없는 절벽에도 아무 두려운 기색이 없었다. 오
인원嗚仁遠은 말했다.

"이 사람은 거의 원숭이의 후신이로군!"

돌아올 때는 돌 잔도를 거쳐 절벽 사이의 틈새를 통해 나왔다. 원효암
에 오르는데, 길이 아주 위태하고 가파르다. 이른바 '앞사람이 뒷사람의

정수리만 보고 뒷사람은 앞사람의 발만 본다'라든가 '배와 등이 모두 흔들린다'라고 하는 것이 이에 해당한다. 승려 계은戒闇은 이렇게 말했다.

"이 암자는 여러 번 이전되었습니다. 원효가 옛날 거처하던 곳이 아닙니다."

암자의 동쪽은 절벽이 쇠를 깎아놓은 것 같고, 그 아래에 옛 유적지가 있었다. 아마 그 터인 듯했다.

오수영嗚守盈에게 열 두 봉우리의 이름을 판벽에 차례로 기록하게 했다. 그리고 다시 암자의 동쪽으로 해서 적벽을 탔는데, 등넝쿨을 부여잡고 거듭 쉬면서 만월암滿月庵에 이르렀다. 나만 홀로 오인원과 함께 암자 앞 석대石臺에 앉았는데, 이상한 새들이 와서 내 주위의 나뭇가지 끝에 모여 즐거운 듯이 깃을 털며 마치 기심機心(욕심)을 잊고 유유자적하더니 한참 있다가 떠났다. … 곧바로 김생굴金生窟에 이르렀다. 벼랑의 잔도가 썩어서 끊어져 있어, 손으로 등넝쿨을 움켜쥐고 이끼가 덮혀 있는 벼랑을 엉금엉금 기어서 갔다. 몸이 흔들거리면서 올라가니 너무도 두려워 벌벌 떨렸다. 김생굴은 큰 바위 아래에 있었다. 바위는 아주 웅장하고 빼어나, 마치 천연으로 이루어진 듯이 안으로 감싸고 있다.

비폭은 바위 위에서부터 흩어지며 떨어지는데, 그 소리는 돼지가 울부짖는 소리 같으며, 물살은 백일 아래에 빗줄기처럼 튄다. 나무를 깎아 그 물을 받아서 마셨다. 승려가 말했다.

"비가 온 후에는 기세가 대단해서 그 소리가 더욱 웅장해 마치 은하를 거꾸로 쏟는 듯합니다."

바위굴의 방은 깨끗해 여러 사찰 가운데 으뜸이었다. 밤이 다하도록 비폭 소리를 들으니 삽상하여 사랑스러웠다.

변미영 작 「유산수」, 2003년

　나의 집에는 김생의 서첩이 있는데 그 자획이 모두 억세고 굳건해, 바라보면 마치 뭇 바위들이 빼어남을 다투는 듯하다. 지금 이 산을 보니 김생이 이곳에서 글씨를 배웠다는 사실을 알겠다. 필법의 정신이 신묘한 경지에 들어간 것은 겹겹으로 뾰족한 산봉우리 끝을 몰래 옮겨서 그런 것이다.

　지난날 공손대낭公孫大娘이 추던 혼탈무渾脫舞의 경지를 장욱張旭이 터득해 초서를 잘 썼는데, 그것과 오묘함의 경지가 같다. 정말로 오묘한 경지를 터득한다면 괘卦를 긋지 않더라도 옳은 법이다. 춤과 산이 어찌 다르랴. 다만 이 산은 바르고, 저 춤은 기이했다. 그러므로 김생의 해서와 장욱의 초서가 갈렸을 따름이다.

세상 사람들은 모두 장욱의 초서가 춤에서 나왔다는 사실은 전하지만, 김생의 서법이 산에서 얻은 것이란 사실은 모른다. 이 사실은 정말 분명하게 밝히지 않을 수 없다._____

주세붕(1495~1554)이 1544년 4월에 청량산을 오른 뒤, 1547년에 지은 청량산유람록이다. 풍기군수를 지내고 백운동서원(소수서원)을 세운 그는 산에 오르는 것을 좋아해 금강산, 가야산, 지리산 등을 등산했다.

특히 고향에 있는 산인 청량산을 사랑한 그는 우리나라 산들 가운데 웅장하게 온축되어 있는 것으로는 두류산(지리산)만한 것이 없고, 맑은 것으로는 금강산만한 것이 없으며, 기이한 경치로는 박연의 폭포와 가야산의 골짜기만한 것이 없다고 했다. 그러면서 청량산은 단정하고 산뜻해서 작지만 함부로 대하지 못할 산이라고 보았다.

그리고 청량산의 여러 봉우리 등에 이름을 붙이고, 불교식 이름은 유교식으로 다 바꾸었다. 그 이유를 다음과 같이 밝혔다.

점필재(김종직)는 두류산에서 '아무런 증거가 없는 것은 믿지 않아서 이름을 붙일 수 있는 것이라고 해도 이름을 붙이지 않는다'고 했다. 하물며 나 같은 자가 어떠한 자라고 감히 참람함을 잊은 채 이름을 붙이겠는가? 하지만 주문공(주자)은 여산廬山에서 기이한 절경을 마주치게 되면 곧바로 이름을 붙였고, 증거가 없다는 이유로 이름을 안 붙이지진 않았다. 이 산의 여러 봉우리들이 오랜 세월이 지나도록 이름이 없다는

것은 산을 좋아하는 지자智者들이 부끄럽게 여겨야 할 바다. 만약 주자
와 같은 어진 이를 기다려서 이름을 붙인다고 한다면, 이 산들이 이름
을 얻는 일은 어렵지 않겠는가? 그래서 이름을 지어 붙여두고, 훗날 철
인哲人들이 고쳐주길 기다린다고 해서 무엇이 해가 되겠는가?

어디에 거처하느냐에 따라 | 04
기운이 바뀌고

이황 _____ 그 다음날 계해, 걸어서 중백운암에 올랐다. 이름을 알 수 없는 어떤 승려가 이 암자를 짓고는 그 속에서 좌선을 해서 선리禪理에 자못 통했는데, 어느 날 아침에 홀연히 떠나 오대산으로 들어가 버려 지금은 승려가 없다. 창 앞에는 옛 우물이 완연히 남아있고, 뜨락에 난 푸른 풀은 쓸쓸할 따름이다.

암자를 지나서부터는 길이 더욱 끊어질 듯 가파라서 곧바로 위로 올라가는 것이 마치 거꾸로 매달린 것 같다. 온 힘을 다해 부여잡고 간신히 올라갔다. 마침내 견여를 타고 산등성이를 따라서 동쪽으로 서너 리쯤 간 후 석름봉에 이르렀다. 석름봉 머리에 풀을 엮어서 초막을 지은 것이 있고, 그 앞에는 시렁을 엮은 것이 있다. 매잡이가 만든 것이라고 하는데, 그들이 얼마나 고생을 겪는지 알만하다.

석름봉 동쪽으로 서너 리 지점에 자개봉이 있다. 또 그 동쪽으로 서너 리 지점에 봉우리가 우뚝 일어나 하늘을 찌르고 있는 것이 있으니, 바로 국망봉이다. 하늘이 맑고 해가 밝은 날이면 용문산은 물론이고 서울까지도 바라볼 수 있다고 한다. 하지만 이날은 산 이내와 바다 아지랑이가 뿌옇게 끼어 흐릿하고 아득해서 용문산조차 바라볼 수 없었다. 오직 그 서

남쪽 구름 가에 월악月嶽이 은은하게 비칠 뿐이다.

고개를 돌려 그 동쪽을 바라보니 뜬 구름과 푸른 기운이 첩첩으로 쌓여 그 모양을 어렴풋이 상상할 수 있으되 그 참모습은 자세하지 않은 것들이 있다. 그것은 태백산, 청량산, 문수산, 봉황산이다. 그 남쪽에 보였다가 숨었다가 하면서 구름 밖에 멀리 희미한 것은 학가산, 공산 등 여러 산이다. 그 북쪽에 형상을 감추고 자취를 숨겨서 하늘 한쪽에 아득히 보이는 것은 오대산, 치악산 등이다.

보이는 강물은 아주 드물다. 죽계竹溪의 하류는 귀대龜臺의 내이고, 한강의 상류는 도담島潭의 굽이인데, 고작 이것들이 보일 뿐이다. 종수가 말했다.

"정상에 올라 바라보는 것은 가을 서리가 내린 후이어야 하거나, 혹은 장맛비가 갓 갠 날이어야 아름답습니다. 주세붕 태수는 비에 닷새간 막혀 있다가 날이 맑아지자 곧바로 산에 올랐기 때문에 멀리까지 바라볼 수 있었습니다."

나는 그의 말이 처음에 막히고 답답한 자라야 마침내 쾌활할 수 있다는 뜻임을 알아차렸다. 하지만 내가 여기에 왔을 때는 하루도 막힌 적이 없었으니, 어찌 만 리 길을 내달려온 쾌활함을 얻을 수 있겠는가? 그렇기는 하지만 산을 오르는 일의 절묘함은 시력으로 바라볼 수 있는 끝까지 다 바라보는 데 있는 것은 아니다.

산 위의 기운은 아주 높고 차가워 맹렬한 바람이 부딪치고 뒤흔들기를 그치지 않아, 나무가 자란 것들이 모두 다 동쪽으로 누워 있다. 또 가지

와 줄기는 대부분 휘고 자그마하며 문드러져 있다. 4월 그믐쯤은 되어야 숲의 잎이 피기 시작한다는데, 한 해 동안 크는 것이 한 푼이나 한 치 정도에 불과하며 억세게 고통을 견뎌 모두 힘껏 싸우는 형세를 하고 있으니, 깊은 숲과 큰 골짜기에서 자라는 것과는 매우 다르다.

'어디에 거처하느냐에 따라 기운이 바뀌고, 어떻게 기르느냐에 따라 체질이 변한다'라는 것이 물건이나 사람이나 무엇이 다르겠는가?

석름봉, 자개봉, 국망봉 세 봉우리와의 거리가 서로 8~9리쯤 되는 사이에 철쭉이 우거져 한참 난만하게 너울거린다. 마치 비단 장막 속을 거니는 것 같기도 하고, 축융봉의 잔치에 취한 것 같기도 하여 매우 즐거웠다. 봉우리 위에서 술을 석 잔 마시고, 시 7편을 지으니 해가 벌써 기울었다. 옷을 털고 일어나 다시 철쭉 숲을 더듬어 내려가서 중백운암에 이르렀다. 내가 종수에게 말했다.

"처음에 제월대에 오르지 않은 것은 다리 힘이 먼저 다 고갈될까 봐 두려웠기 때문이다. 지금 이미 정상에 올라왔는데도 다행히 힘이 남았으니 어찌 가서 보지 않으랴."

마침내 종수가 앞서 인도해 바위 벼랑을 따라 발을 오므려 디디다시피 하면서 올라가니, 이른바 상백운암이란 것은 불타 없어진지 오래여서 풀과 이끼에 뒤덮여 있었다. 제월대는 바로 그 앞에 있는데, 지세가 아주 동떨어져 있어서 정신이 두렵고 혼이 떨릴 정도여서 오래 머무르고 있을 수가 없었다. 마침내 내려왔다. 이날 저녁, 석륜사에서 다시 묵었다. _____

퇴계 이황(1501~1570)의 소백산유람록이다. 그는 1549년 4월에 소백산을 유람했다. 소백산은 가까이 있는 산임에도 불구하고 산행을 실천하지 못하다가, 풍기군수로 부임한 후 마침내 오르게 되었다.

이 소백산 산행은 백운동서원(소수서원)에서 출발해 석륜사에서 하룻밤을 묵은 후 본격적으로 시작됐다. 퇴계는 유람 중에 경치를 구경하고 동행자들과 환담하며 지명을 붙이거나 고치고 시를 짓기도 했다.

이 글에 나오는 종수라는 승려는 소백산 봉우리 묘봉妙峯에 암자를 짓고 살았다. 그는 퇴계에게 묘봉 8경에 대해 시를 지어달라고 했고, 퇴계는 여러 날이 지난 후 '묘봉암팔경妙峯庵八景'이란 시를 지어 주었다.

채제공 _____ 병오년(1786년) 봄, 노량진 강가에 우거하고 있는 나의 눈에 푸른빛이 들어올 듯했다. 그래서 산으로 가고 싶은 뜻은 왕성했지만 뜻을 이루지는 못했다. 그러다가 4월13일, 남쪽 이웃에 사는 이숙현李叔賢과 함께 말을 타고 길을 나섰다. 아이들과 종도 네댓 명이 따랐다.

10리쯤 가서 자하동으로 들어갔다. 한 칸 규모의 정자에 올라 쉬었다. 정자는 신씨申氏의 별장이다. 계곡물이 산골짜기에서 흘러나오는데 숲이 뒤덮고 있어 그 근원을 알 수 없다. 물길이 정자 아래에 이르러 바위를 만나게 된다. 날리는 것은 포말이 되고, 고이는 것은 푸른빛을 이루다가 마침내 넘실넘실 흘러 골짜기 입구를 에워싸며 멀리 떠나간다. 언덕 위에 철쭉꽃이 막 피어 바람이 불면 그윽한 향기가 때때로 물을 건너 이른다. 산에 들어가기도 전에 시원해 멀리 떠나온 흥취가 일었다.

정자를 거쳐 다시 10리쯤 갔다. 길이 험준해서 말을 탈 수 없었으므로 말과 마부를 집으로 돌려보냈다. 지팡이를 짚고 천천히 걸어가서 넝쿨을 붙잡고 골짜기를 지났다. 앞에서 인도하던 자가 절이 어디 있는지 방향을 잃어버렸다. 동서남북도 알 수 없었다. 벌써 해가 질 때까지 얼마 남지 않은 시각이다.

길에 나무꾼이 없어 물어볼 수도 없었다. 하인 중에 어떤 놈은 어쩌해야 할지를 몰라 했다. 갑자기 숙현이 나는 듯한 걸음으로 끊어진 낭떠러지로 올라가는 모습이 보였다. 동행한 좌우의 사람들이 바라보았으나 홀연히 어디로 사라졌다. 그래서 그가 돌아오기를 기다리면서, 한편으로는 괴이하게 여기고 한편으로는 꽤씸하기도 했다.

조금 있으니 흰 승복을 입은 사람 네댓 명이 어디선가 나타나 빠르게 산을 내려왔다. 하인들이 모두 소리를 지르고 기뻐하며 "스님이 오십니다."라고 했다. 숙현이 멀리서 절을 보고 먼저 가서, 승려들에게 우리 일행이 여기에 있다고 직접 알렸던 것이다. 승려들의 인도를 받아 4리쯤 떨어져 있는 절에 이르렀다. 절 이름은 불성암이다. 절은 3면이 봉우리로 둘러져 있는데, 한 면만 막히지 않고 탁 트여 있다. 문을 열자 않으나 누우나 천 리 먼 곳까지 시야에 들어왔다.

다음날 해가 뜨기 전에 밥을 재촉해 먹고, 연주대라는 곳을 찾아가려 했다. 건강한 승려 약간 명을 골라 인도하게 했다. 승려들이 나에게 말했다.

"연주대는 여기서 10리쯤 됩니다. 길이 아주 험해서 나무꾼이나 중들이라 해도 쉽사리 넘어갈 수 없습니다. 기력이 못 미치지 않으실까 걱정됩니다."

내가 말했다.

"천하만사는 마음에 달렸을 뿐이네. 마음은 장수요 기운은 졸개이니, 장수가 가는데 졸개가 어찌 가지 않겠는가?"

마침내 절 뒤편의 가파른 벼랑길을 넘었다. 길을 가다가 끊어진 길과 깎아지른 벼랑을 만나기도 했다. 그 아래가 천 길 절벽이므로 몸을 돌려

변미영 작 「유산수」, 2003년

절벽에 바짝 붙어 손으로 늙은 나무뿌리를 바꿔 잡으면서 조금씩 발걸음을 옮겼다. 현기증이 나서 옆으로 눈길을 보낼 수가 없었다. 혹 큰 바위가 길 가운데를 막고 있는 곳을 만날 때면 앞으로 나아갈 수 없었다. 그리 뾰족하지 않고 오목한 곳을 골라, 엉덩이를 거기에 붙이고 두 손으로 주변을 부여잡으며 미끄러지듯이 내려갔다. 고쟁이가 뾰족한 부분에 걸려 찢어져도 안타까워할 틈이 없었다. 이와 같은 곳을 여러 번 만난 다음에야 연주대 아래에 이르렀다.

이미 정오였다. 고개를 들어 바라보니, 놀러온 사람들 중에 우리보다 일찍 올라간 이들이 만 길 절벽 위에 서서 몸을 굽히고 아래를 내려다보고 있다. 흔들흔들 마치 떨어질 듯해, 보고 있자니 모골이 송연하여 똑바로 쳐다볼 수가 없었다. 하인을 시켜 큰 소리로 "그만 두시오, 그만 두시오."라고 외치게 하였다.

나 또한 마음과 몸의 기력이 다하고 말았다. 정상에는 바위가 있는데, 널찍해서 수 십 명이 앉을 만했다. 이름은 차일암遮日巖이라고 한다. 전에

양녕대군이 왕위를 피해 관악산에 살 때 가끔 이곳에 올라 궁궐을 바라보았는데, 햇살이 뜨거워 오래 머물 수 없어 작은 장막을 치고 앉아 있었다 한다. 바위 귀퉁이에 4개의 구멍을 오목하게 파서 장막의 기둥을 고정시켰다. 그 구멍이 지금까지 뚜렷하게 남아있다. 이 때문에 연주대戀主臺라고 하고, 또 차일암이라고도 하는 것이다.

연주대는 구름 속까지 우뚝 솟아 있다. 내 자신을 돌아보니 천하 만물 중에 감히 높이를 다툴 만한 것이 없어 보였다. 사방의 봉우리들은 자그마해서 이루 헤아릴 수도 없다. 오직 서쪽에 거뭇한 기운이 쌓여 뻗어 있는데, 마치 하늘과 바다가 이어져 있는 듯하다. 그러나 하늘에서 보자면 바다고, 바다에서 보자면 하늘처럼 보일 터이니, 하늘과 바다를 또한 누가 분간할 수 있겠는가?

한양의 성궐이 밥상을 대한 듯이 바라다보였다. 일단의 소나무와 전나무가 빽빽하게 에워싼 곳이 경복궁 옛터임을 알 수 있다. 비록 수백 년이 지난 일이지만, 양녕대군이 배회하면서 군주를 그리워하며 바라본 그 마음을 지금도 상상할 수 있을 것 같다. 나는 바위에 기대 『시경』에 나오는 노래를 낭랑하게 외웠다.

산에는 개암나무가 있고
언덕에는 도토리가 있네
그 누구를 그리워하는가
서방의 미인이로세
저 미인이여, 서방의 사람아

숙현이 말했다.

"노랫소리에 그리움이 있군요. 임금을 그리워하는 것이 예나 지금이나 어찌 차이가 있겠습니까?"

내가 말했다.

"임금을 그리워하는 것은 인륜이니, 고금에 무슨 차이가 있겠소. 다만 내 나이 아직 예순 일곱이라, 미수(허목의 호) 어른이 이 산을 오를 때의 나이에 열 살 하고도 여섯 살이나 미치지 못하오. 그런데도 미수 어른은 걸음걸이가 날 듯했는데, 나는 기력이 쇠하고 숨이 차서 괴롭다오. 도학과 문장에 고금의 사람이 서로 같지 못한 것이야 진실로 이상할 것이 없지만, 근력이 옛사람에 미치지 못한 것이 어찌 이렇게 차이가 나는지 모르겠소. 천지신명의 힘을 입어 내가 나이 여든 셋이 된다면, 비록 남에게 둘러업혀 오더라도 반드시 이 연주대에 다시 올라 옛사람의 발자취를 잇고 싶구려. 그대는 이를 기억하시오." _____

정조 때 재상을 지낸 번암樊巖 채제공(1720~1799)의 관악산유람기다. 채재공은 1786년 4월에 관악산을 올랐다. 당시 그는 정계에서 물러나 있던 때인데, 군주를 사모하는 마음이 간절했던 것 같다. 양녕대군이 차일을 치고 경복궁을 바라보았다는 연주대에 올랐을 때의 감회에 그런 감정이 잘 나타나 있다. 그리고 미수 허목처럼 여든 셋의 나이에 연주대에 다시 오르고 싶다는 마음을 표시하고 있다. 아쉽게도 그는 여든에 별세하고 말았다. 3년을 더 살아 소원을 이루었다면 각별한 관악산유람기를 남겼을 것이다.

채제공은 관악산 유람 후 1788년 우의정에 발탁되고, 이듬해에는 좌의정에 올랐다. 그 후 파직과 복직을 거듭했으나 정조의 특별한 신임으로 1793년에는 영의정에 올랐고, 1794년 2월 수원의 화성 건설이 시작되자 그 일을 주관하기도 했다.

이산해 _____ 어느 날 저녁, 온창 고을의 정 사또가 찾아왔다. 내가 말했
다.

"공이 이곳을 다스린 지 서너 해가 되었으니, 이 산의 경승을 이미 잘
파악해서 돌아보셨겠지요. 나를 위해 안내해 주지 않겠소? 다만 국상에
상복을 입고 있는 몸이라서 놀러 다닌다는 혐의를 받지는 않을까 싶소."

정 사또가 말했다.

"아, 이 못난 사람이 불민不敏했군요. 공사다망한 까닭에 한 번도 유람
할 겨를이 없었습니다. 이제 만일 선생을 모시고 산중으로 한 번 가게 된
다면, 그것은 선생의 은혜입니다. 더구나 승방에서 하룻밤을 자는 것은
술을 싣고 산을 찾아가는 일에 비할 바가 못 되니, 어찌 혐의가 있겠습니
까?"

옆에 서생 이복기라는 자가 있었는데, 서울에서 같은 마을에 살았고 나
그네로 돌아다니다 우연히 이곳에 들러 머물고 있던 참이었다. 그도 적극
찬성했다. 마침내 이 군이 바짓가랑이와 옷소매를 걷어붙이고 먼저 나서
고, 정 사또와 우리 집 아이가 뒤를 따랐다. 나는 승려의 등을 빌려 업혔
다. 앞서 가는 사람은 끌고, 뒤에 오는 사람은 밀고, 왼편에서 부여잡고,

오른편에서 끌어당기면서 마치 생선 꿰미 같은 형상을 지어 올라갔다.

운주사 절문에 이르니, 범종 소리가 막 잦아드는데 달이 산봉우리에서 떨어져 나와 이미 한 길 남짓 되었다. 나는 일찍이 소동파가 〈적벽부〉에서 '산이 높아 달이 작다'고 한 말을 두고 '달이 크고 작은 것이 산의 높낮이와 무슨 관계가 있겠는가'라고 의심했다. 그러나 여기에서 그 말을 실제 확인하고는 비로소 그 말이 거짓이 아님을 알게 되었다.

정 사또가 말했다.

"좋은 밤은 만나기 어려운 법이고, 장관은 다시 보기 어렵지요. 잠시 맨바닥에 앉아 있다가 흥이 다하면 절문으로 들어가는 것이 어떨까요?"

모두 좋다고 했다. 마침내 절 앞 동대東臺 위에서 잠시 쉬었다. 얼음 같은 샘이 봉우리 정상에서 쏟아져 나오는데, 대나무통을 설치해 물을 끌어 작은 못에 떨어지게 해놓았다. 쟁글쟁글 물 떨어지는 소리가 패옥 소리 같았다. 한 웅큼 손으로 떠 마셔 보니, 중국의 태화산太華山 우물이나 혜산惠山의 샘물이라 하더라도 그 시원함을 견줄 수 없을 것 같았다.

이날 저녁, 가는 구름까지 죄다 걷히고 푸른 하늘이 물처럼 맑았다. 수레바퀴 같은 둥근 달이 차츰 중천에 떠오르고 별과 은하수가 은은한 빛을 흘리니, 천지 육합과 사방 천하가 통랑하게 밝고 깨끗하게 맑아서 만리 먼 곳까지 방해되는 것이 없었다.

아래로 내려다보니 천 개의 바위와 만 개의 골짜기가 그 모습을 온전히 드러내지 않는 것이 하나도 없고, 산 밑의 멀고 가까운 곳에 있는 마을과 집들이 또렷하게 하나하나 시야에 들어왔다. 아산현 공진貢津 이북, 한수 이남의 여러 산들도 하나하나 아득한 사이에서 분별해낼 수 있었다.

이윽고 푸른 구름 한 줄기가 산 너머에서 일어나 하늘 한복판을 가리

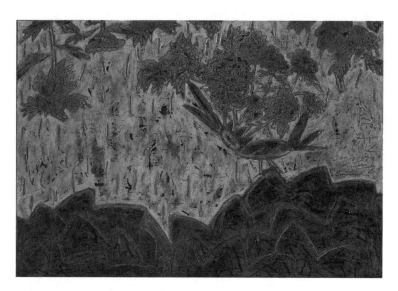

변미영 작 「유산수」, 2003년

고, 바람이 일어나 동남쪽에서 불어왔다. 이에 소나무끼리 서로 부딪쳐 소리를 내고, 계수나무 혼백인 달은 구름에 가려져 밝아졌다 어두워졌다 하였다. 골짜기는 은은하고 숲은 음산하며, 이름 모를 새는 울며 날아오르고 산 메아리는 서로 화답했다. 사람으로 하여금 슬픈 느낌이 들게 하고 숙연하게 하며, 오싹하게 놀라게도 하였다. 가물가물 귓가에 신선이 학을 타고 먼 하늘에서 내려와 부는 피리 소리가 들릴 듯했으나, 귀를 기울이며 조용히 기다려보아도 끝내 신선을 만날 수는 없었다.

　이때 밤은 깊고 서리와 이슬로 주위가 축축하였다. 정 사또가 시중드는 아이를 시켜 차가운 막걸리를 따르게 했다. 좌중이 각기 한 사발씩 마시니, 곧바로 귓불이 훈훈해져서 서로 웃고 떠들며 장난을 쳤다. 나는 홀로 묵묵히 마치 무슨 생각을 하는 것처럼 하고 있었다. 한참 후 옆 사람이 그 이유를 물었다. 내가 말했다.

"오늘의 이 모임이 어떻게 비롯되었는지는 여러 공들이 어찌 모르겠소. 아, 왜란이 있은 이래로 사람들이 떠나가고 돌아오고 보내고 맞고 하느라 서울이나 지방이나 온통 소란해 백성들이 제 목숨을 보전할 수가 없어, 도로에서 적의 칼끝에 죽은 이가 얼마나 많았소? … 그러면서도 배불리 먹고 편안히 살아 말을 타고 무리를 이끌고 풍경을 즐기느라 시간 가는 줄 모르는 것은 모두 임금님의 큰 은혜가 아님이 없소. … 이 때문에 내가 감동해 가슴에 새기고 입으로 마음으로 다짐하는 것이니, 산에 올라서는 산처럼 임금님이 만수무강하기를 축원하고, 강물에 임해서는 물처럼 우리나라 복록이 영원히 이어지기를 발원하며, 바람을 쐬면 임금님의 목소리를 받드는 듯이 하고, 달을 보면 임금님의 밝은 얼굴빛에 절을 하는 듯합니다. 이는 감정이 마음속에서 우러나와 스스로 억제할 수 없는 것이 있어서라오."

그 말을 한 끝에 눈물을 줄줄 흘렸다. 그러자 좌우의 사람들이 서로 돌아보고 숙연해졌다. 마침내 서로 이끌고 승당으로 들어갔다. 승당은 모두 여덟 칸인데, 터서 하나의 온돌방으로 만들어 100여 명을 수용할 수 있다. 불상 앞에는 등불이 켜져 휘황찬란하게 대낮 같이 비추고 있어, 마음이 밝아지고 몸이 시원해졌다.

자다 깨다 하다가 일어나 살펴보니, 승려 중에는 벽을 향해 가부좌를 틀고 앉아 있는 이도 있고, 불경을 외우면서 예불을 드리고 있는 이도 있었다. 또 어떤 이는 누워 있고, 어떤 이는 기대 앉아 있었다. 그리고 손님 중에는 승려와 함께 장기 두는 이도 있고, 승려와 함께 산에 대해 이야기하는 이도 있으며, 불러도 대꾸 없이 코를 우레처럼 골면서 잠에 빠진 이도 있었다. 이 또한 하나의 기이한 광경이었다. … 그러다가 마침내 서로 밀고 당기면서 하산했다. 어제 험하던 것이 평탄하고 위태하던 것이 평평해졌으며, 몸도 발걸음도 가벼워졌다. 걸음걸이가 나는 듯해, 밥 한 끼 먹을 시간에 자신도 모르게 이미 골짜기 입구를 지나왔다. 정말이구나, 위로 올라가는 것은 진실로 어렵지만, 아래로 굴러 떨어지는 것은 아주 쉽다는 것이.

고개를 돌려 산사의 입구를 바라보니 구름과 안개가 자욱하고, 숲과 골짜기가 어른어른하다. 겨우 하룻밤 전의 일이거늘, 정말로 신선이 산다는 요대瑤臺에서 하룻밤을 자고 일어난 듯했다. 한참을 서성이며 아쉽다는 생각을 했다.

아아! 인생 백 년 동안에 질병이 몸을 파고들며 근심이 마음을 에워싸고 있기에 옛사람은 '한바탕 크게 웃는 일도 만나기 어렵다'라고 하였으니, 한 해 동안 좋은 밤 밝은 달을 몇 번이나 만날 수 있으랴. 게다가 이름난 땅과 빼어난 경치는 신선의 인연이 없는 자라면 쉽게 이를 수가 없는 법이 아닌가! 우리들이 도고산에서 달빛을 완상한 모임은 실로 하늘이 베풀어준 것이지, 계획하거나 약속해서 될 것이 아니었다._____

아계鵝溪 이산해(1539~1609)의 '달밤의 운주사 방문기月夜訪雲住寺記'다. 그는 1600년 겨울, 탄핵을 받아 온창溫昌의 시전촌柿田村에 살고 있던 때에 도고산 운주사에 다녀왔다. 도고산은 충남 아산시 도고면에 있고, 높이는 해발 482m이다.

토정 이지함의 숙부인 이산해는 영의정까지 지낸 문신이다. 그는 절에 다녀온 이튿날, 위의 글을 짓는 이유를 다음과 같이 기록했다.

사람이 만나고 헤어지는 것은 무상하고, 사람의 일이란 쉽게 바뀌는 법인지라, 빼어난 일을 후세에 영원토록 전하고자 한다면 문자를 빌지 않고서는 불가능할 것이다. 자고로 시인묵객이 산수 간에서 시와 술로 유람한 것이 아무리 당대에 떠들썩할지라도 먹과 붓으로 그려내지 않는다면, 시일이 경과하고 세상일이 바뀌고 나면 마치 지나가는 구름과 날아가는 새처럼 아무런 자취를 남기지 못할 것이다. 하물며 승방에서 하룻밤 나눈 이야기는 눈 깜짝할 사이에 문득 묻히고 말 것이니, 누가 이를 알아주겠는가? 이 때문이 내가 부득불 글을 지어 기록하는 것이다.

4부

수신修身
내가 건강해야 세상이 행복하다

1장

건강의 도
건강은 그냥 오지 않는다

아프고 나서 | 01

땀 흘린 뒤 온 몸으로 맞는 시원한 바람은 꿀맛처럼 달콤하다. 아름다운 것을 볼 수 있고, 또 냄새를 맡을 수 있는 코가 있다는 것은 얼마나 고마운 일인가. 이렇게 오감을 느끼는 감각기관이 제대로 작동하는 것은 우리를 살맛 나게 하는 가장 중요한 바탕일 것이다.

하지만 이런 기관을 포함한 우리 몸속의 장기 등은 건강할 때는 그 존재를 느끼지 못한다. 평소에는 코와 입이 있는 줄을 모르고, 귀와 눈이 있는지를 잘 의식하지 않는다. 소장이나 대장, 간 등이 있는지 없는지 못 느낀다. 못 느끼는 건강함, 그것이 복된 삶의 원천이다. 몸의 건강함이 얼마나 큰 복인지 말하려는 것이다.

갑작스레 장염에 걸려 보름 이상 심한 고생을 한 적이 있다. 속이 살살 아프기도 하고 수시로 세게 아프기도 했다. 복부의 어느 부위를 칼로 찌르고 싶을 정도로 심하게 아프기도 했다. 잠도 잘 이룰 수가 없었고 음식도 제대로 못 먹었다.

그러는 동안 1주일만에 몸무게가 4kg 정도 줄어들었다. 창자가 있는 줄 못 느끼던 지난날에 대한 감사의 마음이 절로 생겨났다. 그동안 '주인'이 몰라줘도 묵묵히 제 할 일을 해온 신체 장기나 기관에게 고마울 따름이었다.

사람이 큰 병을 앓으며 고통을 겪고 나면 딴 사람이 되기도 한다는 이야기를 듣곤 했다. 10년 면벽수행해도 못 이룰 대오각성을 하는 이도 있다고 한다. 어느 정도 실감할 수 있었다.

살아 숨 쉬고 대지의 기운을 느낄 있다는 사실만으로도 얼마나 감사한지 절감하게 된다. 고통 없이 산다는 것이 얼마나 복된 일인지를 실감하며, 항상 겸손하고 감사하는 마음으로 살게 만드는 것 같다.

코가 막혀 고통을 당해봐야 평소 코로 숨 쉬는 것이 얼마나 감사한 일인지 알게 된다. 바닷물을 다 마셔 보아야 짠 줄을 아는 것은 아니다. 한 번 신체의 어느 부분에 고장이 나 심하게 아파보면 성한 몸이 얼마나 고맙고 감사할 일인지 절감하게 된다면, 아파서 잃는 것보다 얻는 것이 훨씬 클 것이다. 아프지 않고도 그 고마움을 알고, 항상 감사하며 조심한다면 더할 나위 없이 좋은 일이다.

음식을 절제하고 | 02
욕심을 끊다

장현광 _____ 선생은 평생에 약을 드시지 않고 침구針灸를 사용하지 않으셨다. 그러면서 한결같이 마음을 보전하여 성性을 기르며, 음식을 절제하고 언어를 삼가며, 욕심을 끊고 사려思慮를 정돈하는 것을 종신終身토록 섭양攝養하는 절도로 삼으셨다. 그러므로 온화한 기운이 충만하고 진원眞元의 기운이 고갈되지 않으셨다.

하루는 선생을 모시고 밥을 먹었는데 선생의 식사하시는 양의 많고 적음을 물었더니, 선생은 답하시기를 "젊었을 때에도 반 되를 넘지 않았고 노쇠한 나이에도 또한 반 되에서 줄지 않는다."하였다. 조임도趙任道가 묻기를 "반 되 이외에는 한 수저도 더 자실 수 없습니까."하였더니, 선생은 말씀하시기를 "더 먹고 싶으면 못 먹을 것은 없으나 반 되 이외에는 더하거나 줄이지 않는다."하셨으니, 이것을 보면 선생은 음식을 자심에 있어서도 또한 공부가 있으셨던 것이다.

신유년(1621) 계하季夏에 김휴金烋의 아들 만웅萬雄이 태어난 지 겨우 몇 달이 되었는데, 선생께서는 나그네의 우거하는 곳으로 왕림하시어 아이를 안고 나오라고 명하시고는 그 어미에게 다음과 같이 당부하셨다.

이 아이는 골격이 깨끗하고 준걸스러우며 신채神彩가 사람을 놀라게 하니, 매우 축하할 만하다. 그러나 부디 너무 지나치게 보호하여 기르지 말라. 너무 지나치게 보호하면 후일 질병의 빌미가 될까 두려우며, 또한 그것은 가르쳐 성취하는 방도가 아니기 때문이다. 나는 어렸을 때에 곤궁한 집안에서 자랐으며 또 성품이 소탈하여 따뜻하게 입고 배불리 먹으려는 생각이 전혀 없었다. 그리하여 일찍이 옷을 두껍게 입지 않고 또한 일찍이 음식을 잘 차려서 먹지 않았으며, 추워도 버선을 신지 않고 맨발로 눈을 밟으며 겨울을 지냈고, 아침저녁은 다만 채소와 거친 밥을 먹으면서 장성하였다. 그러므로 지금까지 몸에 질병이 없고 오장육부五臟六腑가 깨끗하니, 네가 아이를 기를 적에도 이 노부老夫가 한 것처럼 한다면 병이 없고 장수할 뿐만 아니라 덕을 이루고 훌륭한 일을 하는 기본이 또한 여기에 있을 것이다.

이 두 편의 글은 여헌旅軒 장현광(1554~1637)의 문집인 『여헌집속집旅軒集續集』에 실려 있다. 제자가 여헌의 언행을 기록한 것이다. 하나는 조임도가 기록한 〈취정록取正錄〉의 내용이고, 하나는 김휴의 〈경모록敬慕錄〉의 내용이다.

지나친 위생관념과 건강염려, 과잉 영양섭취 등이 오히려 건강을 유지하는데 문제가 되고 있는 현대인들에게 건강을 위해 어떻게 살 것인지를 돌아보게 한다. 과욕을 부리지 않음으로써 스트레스를 받지 않고, 과음과 과식을 피하고 적당한 운동을 하면서 순리대로 살아가는 지혜를 익힐 일이다.

대학자였던 장현광은 류성룡 등의 추천으로 여러 차례 나라에서 벼

윤두서 작 「나물캐기」, 조선시대

슬이 내렸으나 대부분 사양했다. 할 수 없이 한 두 번 부임하기는 했
지만 곧 그만두었다. 일생을 학문과 교육에 몰두하며 정치에는 뜻을
두지 않았던 그는 당시로서는 보기 드물게 장수한 인물이다.

03 | 많이 먹지 않는 것이 양책良策이다

이익 _____ 나는 천성이 책을 좋아해 날마다 끙끙대며 읽느라고 베 한 올, 쌀 한 톨 내 힘으로 장만하지 않는다. '천지간에 좀벌레 한 마리'란 말이 어찌 나 같은 존재를 가리키는 것이 아니겠는가. 다행히 선대가 남기신 전답이 있어서 몇 섬 몇 말을 거둔다. 거기서 나오는 식량을 절약해 많이 먹지 않는 것으로 첫째가는 경륜經綸이자 양책良策을 삼는다.

무릇 한 그릇에서 한 홉의 쌀을 덜어낸다. 남들은 아무 소용이 없는 일이라고 할 지 몰라도, 하루에 두 그릇 먹으면 두 홉이고, 한 집이 열 식구라면 두 되가 될 것이다. 1만 가구가 사는 군郡이라면 2천 말이나 되는 많은 식량이다. 더구나 한 식구의 소비가 한 홉에 그치지 않는다. 또 한 사람이 1년 동안 먹을 것이 쌓이면 매우 많다. 쓸데없는 소비는 한 푼 한 홉도 아깝다.

우리나라 사람들이 많이 먹으려고 드는 습성은 천하에 제일이다. 최근에 표류하여 유구국琉球國에 간 사람이 있다. 그 나라 백성들이 그에게 "너희 풍속이 항상 큰 사발과 쇠숟갈로 밥을 떠서 실컷 먹으니 어떻게 가난하지 않겠는가"라며 비웃었다고 한다. 예전에 우리나라에 표류하여 온 자가 있어 우리 풍속을 잘 알고 하는 말이다. 내가 일찍이 바닷가에서 한

김홍도 작 「주막」, 조선시대

사람이 세 사람이 나눠 먹어도 굶주리지 않을 양을 먹는 모습을 본 적이 있다. 나라가 어떻게 가난해지지 않겠는가.

어려서 배불리 먹는 습관이 들면 위장이 점점 커져서 다 채워지지 않으면 굶주림을 느끼게 된다. 습관이 점점 깊어져 굶주림을 점점 더 심하게 느끼게 되면 굶어 죽는 사람도 생길 것이다. 많이 먹는 습관으로 위장이 커지는 사람이 있다면, 습관으로 위장이 작아지는 사람도 있을 것이다. 그래서 곡식을 아주 끊고 먹지 않는 사람도 있다. 산과 들의 짐승들이 얼음이 얼고 눈이 쌓여도 죽지 않고 견디는 것은 습관의 결과다. 비록 늘 굶을 수는 없다 하더라도 너무 과하게 먹는 음식을 덜어내는 것이야 불가능하겠는가? ＿＿＿

성호星湖 이익(1681~1763)의 『성호사설星湖僿說』에 나오는 내용이다. 『성호사설』은 저자가 40세 전후부터 책을 읽다가 느낀 점이 있거나 흥미 있는 사실이 있으면 그때그때 기록해 둔 것들을 그의 나이 팔십에 이르렀을 때에 집안 조카들이 정리한 책이다.

음식을 적게 먹는 습관을 들이자는 이야기다. 현대인들이 특히 경청해야 할 이야기다. 한쪽에서는 굶어 죽어가는 사람이 넘치는 데도, 한쪽에서는 과식으로 오히려 건강을 해치고 지구촌을 병들게 하고 있는 요즘이다.

많은 선비들은 건강을 위한 섭생의 방법으로 절식을 권유했다. 순조 때의 저명한 시인 이양연李亮淵은 '절식하기 위한 경계의 말을 적은 팻말節食牌銘'이라는 시에서 다음과 같이 말했다.

적당히 먹으면 편안하고適喫則安
지나치게 먹으면 편치 않네過喫則否
의젓한 너 천군이여儼爾天君

입의 유혹에 넘어가지 말라無爲口誘

천군은 몸의 주재자인 마음을 비유한 말이다. 간단하면서도 명쾌한 내용이다.

중국 소동파의 글 '음식을 줄여 먹자節飲食說'도 음식의 유혹을 견디며 절식하겠다는 다짐을 적고 있다.

나는 오늘부터 하루 동안 먹고 마시는 양을 술 한 잔, 고기 한 조각으로 그칠 것이다. 귀한 손님이 있어 상을 더 차려야 한다 해도 그보다 세 배 이상을 넘지 않을 것이다. 그보다 덜할 수는 있어도 더할 수는 없다. 나를 초청한 사람이 있을 때에는 미리 이 다짐을 알려준다. 주인이 따르지 않고 더 권하더라도 그 이상을 먹지 않는다. 그렇게 하면 첫째 분수에 맞으니 복이 길러질 것이요, 둘째 위가 넉넉하니 기운이 길러질 것이요, 셋째는 비용이 절약되니 재산이 늘어날 것이다. 원풍6년8월27일에 쓰다.

그는 '네 가지 조심할 일書四戒'이라는 잠언에서도 음식의 유혹에 빠지지 않을 것을 경계하고 있다.

수레나 가마를 타는 것은 다리가 약해질 조짐이고
골방이나 다락방은 감기 걸리기 십상이다
어여쁜 여인은 건강을 해치는 도끼이고
맛난 음식은 창자를 썩게 하는 독약이다

04 | 혈기를 잘 조절하는 것이 비결이다

홍유손 _____ 병을 다스리는 방법은 의약에 있는 게 아니라, 요컨대 혈기를 잘 조절, 보호하는 데 있다오. 온 몸에 가득한 혈기를 잘 조절 보호하면 오장육부가 따라서 튼튼해지고, 오장육부가 튼튼해지면 객풍客風이 내부에 엉기지 못해 혈기가 차갑거나 부족한 폐해가 없게 되지요. 의가醫家의 모든 처방과 선가仙家의 온갖 비결들이 모두 양생술養生術인데, 음식의 절제를 먼저 말하고 정신의 보호를 뒤에 말하였지요. 따라서 만약 음식을 잘 절제하지 않고 정신을 잘 보호하지 않는다면 혈기가 들뜨고 허하여 객풍을 불러들이기 십상이며, 그렇게 되면 몸이 위태한 지경에 빠지고 만다오.

이러한 말이야 남이 말해 주지 않더라도 상사上舍(생원과 진사를 뽑는 소과에 합격한 사람을 이르는 말)가 잘 알고 있을 테지요. 그런데 어저께 상사의 말을 들어보니 조금도 건강에 문제가 없고, 눈동자도 정기가 안정되어 있었으니, 비록 몸은 여위긴 했어도 염려할 필요는 없을 것이오.

상사가 국화를 보기를 좋아하니, 국화를 가지고 상사에 비겨 볼까 하오. 국화가 늦가을에 피어 된서리와 찬바람을 이기고 온갖 화훼花卉 위에 홀로 우뚝한 것은 일찍 이루어져 꽃을 피우지 않았기 때문이지요. 무릇 만물은 일찍 이루어지는 것이 재앙이니, 빠르지 않고 늦게 이루어지는 것이 그 기운을 굳게 할 수 있는 까닭은 무엇이겠소. 서서히 천지의 기운을 모아 흩어지지 않게 하고 억지로 정기를 강하게 조장하지 않으면서 세월이 흐름에 따라 자연히 성취되기 때문이라오. 국화는 이른 봄에 싹이 돋아 초여름에 자라고 초가을에 무성하며 늦가을에 울창하므로 이렇게 되는 것이라오. 대저 사람이 세상에 살아가는 것 또한 어찌 이와 다르리오. 옛사람들이 일찍 벼슬길에 올라 영달하는 것을 경계했던 까닭도 이 때문이지요.

상사가 사마시同馬試에 합격한 것은 역시 빠르다고 할 수 있는데, 또 대과大科에 빨리 급제하는 데 급급한 나머지 원점圓點(성균관 학생의 출석 점수)을 채우지 못할까 걱정하여 가슴속에 심려를 많이 쌓아 두었을 테지요. 그러다 보니 정신을 보호하고 혈기를 화평하게 하여 사지와 근골筋骨을 강건하게 하지 못하였으니, 이것이 늙은 내가 납득할 수 없는 점이라오.

사람이 영달하는 것은 밖으로 잘 보이기 위해서가 아니라 자신을 위해서요, 남을 높이기 위해서가 아니라 자신을 높이기 위해서이니, 스스로 자신을 높이는 사람은 그 마음을 우선하고 외물外物을 뒤로 미루는 법이지요. 홍범洪範의 오복五福(기자箕子의 홍범구주洪範九疇 중에 있는 오복으로 수壽, 부富, 강녕康寧, 유호덕攸好德, 고종명考終命을 말함)에서 장수壽가 첫째이니, 장수는 성인도 중시하였던 것이라오. 성인이 중시하였을 뿐만 아니라 비록 이나 서캐 따위의 미물조차도 자기 생명을 존중하니, 아무리 지위가 공경公卿, 장상將相과 같은 높은 자리에 오를지라도 장수하지 못한다면 부귀영달이 무슨 소용이 있겠소.

상사가 명리와 영달을 잊고 자신의 위생에 전념하여 밖으로 사물을 보고 안으로 그 이치를 관찰하여, 병을 근심하지 말고 마음을 잘 다스린다면 능히 장수를 누려 서책을 즐거이 볼 수 있을 것이오. 그렇게 되면 기다리지 않아도 문장이 절로 향상되고 바라지 않아도 벼슬이 절로 찾아오게 될 것이오.

대저 수명의 길고 짧음은 모두 자기 스스로 취하는 것이지, 남이 그렇게 되도록 시키는 것이 아니며, 하늘이 주고 빼앗는 것이 아니라오. 내가 이와 같이 오래 사는 것은 하늘의 이치에 거역하지 않고 순응했기 때문이라오. 다만 하늘이 나에게 내려 준 일신의 원기가 본래 그다지 강건하지 못하였기 때문에 오늘에 이르러 이와 같이 늙고 말았다오. 그러나 만약 이런 방법을 버리고 급급히 다른 데서 장수의 방법을 찾았다면 이렇게 늙은 나이까지 살지도 못했을 것이오. 내가 지금 칠순인데도 머리털이 희지 않고 가는 바늘에 실을 꿸 수 있으니, 나만한 사람도 드물 테지요.

상사는 배를 잡고 웃으며 내 말을 틀렸다고 하지 말고, 부디 이 늙은이의 어리석고 객쩍은 말을 잘 들어, 출입과 기거를 삼가 질병이 몸에 오래 머물지 않게 하기를 바라마지 않는다오. _____

소총篠叢 홍유손(1431~1529)이 상사上舍인 김씨 성의 젊은이에게 준 글이다. 김 상사가 병이 들어서 건강을 걱정하자 소총이 이 글을 써 준 것이다. 99세를 살았던 홍유손은 방외인方外人의 삶을 산 사람으로, 조선시대의 대표적인 기인 중 한 사람으로 꼽힌다. 자는 여경餘慶, 호는 소총 또는 광진자狂眞子다. 아전 집안에서 태어났고, 점필재 김종직의 문인이었다고 한다.

신분이 미천한 재사才士가 으레 그렇듯이, 홍유손도 치솟아 오르는 울분과 객기를 시와 술로 달래며 자유분방한 삶을 살았다. 세조의 왕위 찬탈이 있은 뒤로는 노장老莊에 심취하여 남효온南孝溫·이총李摠·이정은李貞恩·조자지趙自知 등과 어울리며 죽림칠현竹林七賢을 자처했다. 특히 괴애乖崖 김수온·추강秋江 남효온·매월당梅月堂 김시습과 친하였다.

홍유손은 시에 대한 재능도 뛰어났던 모양이다. 그가 젊을 때 원각사에서 독서하고 있었는데, 감수온과 사가四佳 서거정이 조정에서 퇴근하는 길에 들렀다. 그들은 운韻을 불러주고 홍유손에게 시를 짓게 했는데, 그는 조금도 지체하지 않고 척척 응대했다. 그 시 중에서 '청산과 녹수가 나의 경계이거니 명월과 청풍은 누가 주인인가靑山綠水吾家境 明月淸風執主張'라는 구절이 있었는데, 김시습이 곁에 있던 사가를 가리키며 "강중剛中아 너는 이 만큼 짓겠느냐?"했다 한다.

홍유손은 무오사화 때 제주에 유배되어 관노로 있다가 중종반정으로 석방되었다. 그리고 76세의 늙은 나이에 처음으로 장가를 들어 아들을 낳았으니, 도가道家의 양생술에 조예가 깊었다는 말이 사실인 듯하다. 만년에 명산을 편력하다가 종적을 감추었다는 전설도 전한다.

홍유손은 99세를 살았다. 조선시대 이름이 알려진 인물 중에서 이렇게 장수한 사람이 있는지 모르겠다.

05 | 일체의 병을 다스릴 수 있는
중화탕

이황 _____

퇴계 이황이 필사해 남긴 『활인심방活人心方』에 '중화탕中和湯'이라는 것
이 있다. 이 중화탕을 복용하면 치료하기 힘든 일체의 병을 다스릴 수
있으며, 원기가 튼튼해지고 사기가 침범하지 못해 건강을 유지할 수
있고 장수 할 수 있다고 했다. 중화탕에 들어가는 약재는 아래에서 제
시하는 서른 가지 마음가짐이다.

思無邪(사무사) : 생각을 간사하게 갖지 말 것
行好事(행호사) : 좋은 일을 행할 것
莫欺心(막기심) : 속이는 마음이 없을 것
行方便(행방편) : 남에게 이로운 일을 행할 것
守本分(수본분) : 자신의 직분을 지킬 것

莫嫉妬(막질투) : 시기하고 샘내지 말 것
除狡詐(제교사) : 간사하고 교활하지 말 것

務誠實(무성실) : 성실히 행할 것

順天道(순천도) : 하늘의 이치에 따를 것

知命限(지명한) : 타고난 명의 한계를 알 것

淸心(청심) : 마음을 맑게 할 것

寡慾(과욕) : 욕심을 줄일 것

忍耐(인내) : 잘 참고 견딜 것

柔順(유순) : 부드러울 것

謙和(겸화) : 겸손하고 화목할 것

知足(지족) : 만족할 줄 알 것

廉謹(염근) : 청렴하고 조심할 것

存仁(존인) : 어진 마음을 지닐 것

節儉(절검) : 아끼고 검소할 것

處中(처중) : 한쪽에 치우치지 말고 조화할 것

戒殺(계살) : 살생을 경계할 것

戒怒(계노) : 성냄을 경계할 것

戒暴(계폭) : 사나움을 경계할 것

戒貪(계탐) : 탐욕을 경계할 것

愼篤(신독) : 삼가고 독실할 것

知機(지기) : 사물의 기미를 알 것

강희안 작 「고사관수(高士觀水)」, 조선시대

保愛(보애) : 사랑을 견지할 것

恬退(염퇴) : 물러나야 할 때 조용히 물러날 것

守靜(수정) : 고요함을 지닐 것

陰櫛(음즐) : 음덕을 쌓을 것

이 서른 가지 약재를 입속에 넣고 꼭꼭 씹어서 가루로 만들고 한 근의 심화心火와 두 그릇의 신수腎水를 이용하여 은근한 불로 달여 따뜻하게 복용한다. 그리고 수시로 복용하고 찌꺼기까지 남김없이 모두 복용하라고 하였다.

이 중화탕과 함께 '화기환和氣丸'이라는 처방이 있다. 기를 조화롭게 하는 알약으로, 참을 '인忍'자를 말한다. 화기환은 어른과 아이의 모든 기의 병을 다스린다. 인후에 기가 막힌 것, 가슴이 답답한 것, 뱃속에 기가 그득한 것, 온몸이 저린 것, 화가 나 이를 갈거나 눈을 부릅뜨고 주먹을 쥐는 것, 얼굴과 귀가 붉어져 갑자기 불을 지른 듯한 것 등 의술이 치료하지 못하는 모든 기의 병을 다스린다고 했다.

중화탕은 평상시의 정신수양을 위해서 아무 때나 꾸준히 복용해야 하는 약이고 화기환은 필요할 때 한 알씩 꺼내어 복용하는 약이다. 화기환은 매번 필요할 때 한 알씩 복용하되 말이 필요 없고 입을 꼭 다물고 침으로 녹여 천천히 삼킨다. 본인이 처해 있는 상황에 따라 적절히 응용할 수 있고 마음이 흔들릴 때마다 복용하는 묘약이다.

『활인심방』은 퇴계의 저작은 아니다. 『활인심방』은 퇴계가 자신의 수양을 목적으로 '활인심活人心'이라는 저작을 필사한 것일 뿐이다. '사람을 구하는 마음'이라는 의미의 '활인심'은 본래 중국 의서로, 저자는 중국 명나라의 주권朱權(1378~1448)이라는 사람이다.

　명나라를 세운 주원장의 아들로 왕 노릇을 하기도 했던 주권은 만년에 이르러 도가사상에 침잠한 인물이다. 주권은 질병을 치료하는 데 있어서도 마음心을 다스리는 것이 근본이라고 강조했다. 마음은 신명에 통할 수 있는 존재인데, 이는 마음이 시공에 얽혀 있는 존재이자 시공을 초월할 수 있음을 뜻한다. 마음이 신명에 통하여 시공을 초월함으로써 시공 어딘가에 자리하고 있는 질병의 싹을 없애는 것이 주권이 말하는 치료의 요체라고 볼 수 있다. 이에 대해 주권은 다음과 같이 말하고 있다.

　　질병을 치료하려면 먼저 심을 다스려야 한다. 반드시 심을 바르게 한 후에 도로부터 도움을 받는다. 병자로 하여금 심중의 의심과 걱정, 일체의 생각과 망념, 일체의 불평, 다른 사람과 나 사이에 일체의 분별을 모두 떨쳐버리도록 한다. 평생 동안의 과오를 깨닫고 뉘우치며, 몸과 마음을 내려놓고 나의 마음을 자연에 합하도록 한다. 오래되어 마침내 신이 모이면 자연히 심군心君이 크게 평안해지고 성性이 화평해져, 세상의 만사가 모두 공허하다는 것과 종일토록 영위하는 바가 모두 망상이라는 것을 알게 되고, 내 몸이 모두 비어 있는 환상이라는 것과 화와 복이 모두 실재 있는 게 아니라는 것과 삶과 죽음이 모두 하나의 꿈이라는 것을 알게 된다. 홀연히 깨달아 한순간에 풀리면 마음이 자연히 청정해지고 질병도 평안히 낫게 된다. 이와 같이 될 수 있다면 약을 먹지 않아도 병이 사라지게 된다. 이는 진인眞人이 도로써 마음을 다스려

질병을 치료하는 큰 법이다.

그는 또한 다음과 같이 말했다.

옛날의 신성한 의사는 사람의 마음을 미리 치료해 질병에 이르지 않
도록 하였다. 지금의 의사는 사람의 질병을 치료할 줄만 알지 사람의
마음을 치료할 줄은 모른다. 이는 근본을 버리고 말단을 쫓는 것과 같
으니, 그 원천을 궁구하지 않고 그 하류를 공격하면서 질병이 낫기를
바라는 것이 어찌 어리석지 않은가?

중화탕中和湯, 화기환和氣丸 같은 것은 이런 생각을 잘 나타내고 있
는 예들이다. 일상생활에서 마음을 다스리기 위해 실천할 수 있는 덕
목들을 처방을 구성하는 약물에 비유함으로써 마음을 다스리는 것이
곧 질병을 치료하는 최선의 길임을 강조한 것이라 하겠다.

2장

수행의 도
마음 다스리는 법

인내가 부족한 사회 | 01

꽃들이 다투어 피고 연둣빛 새싹 물결이 회색빛 천지를 물들이기 시작하는 봄을 맞이하려면 추운 겨울을 잘 참고 견뎌야 한다.

중국 당나라 사람 장공예張公藝는 9대가 한 지붕 아래서 화목하게 생활하는 집안으로 유명했다. 665년 당나라 고종은 태산에 제사 지내러 가는 도중, 장공예에 대한 이야기를 듣고 그의 집을 방문했다. 고종은 그렇게 장수하며 대가족이 화목하게 살 수 있는 비결을 그에게 물었다.

장공예는 예를 표한 뒤 아무 말 없이 단지 '참을 인忍'자를 100여자 써보여 준 뒤, 고종을 향해 말했다.

부모와 자식 간에 인내가 없으면 자비와 효행을 잃게 됩니다. 형제 사이에 참을성이 부족하면 다른 사람에게 비웃음을 삽니다. 형제의 아내들 사이에 참을성이 없으면 형제들이 뿔뿔이 흩어지게 되고, 고부 사이에 참지 못하면 부모를 효도하는 마음을 잃게 됩니다.

고종은 그 자리에서 장공예에게 작위를 내리고, 그의 아들에게도 벼

슬을 내렸다. 그리고 건물을 하나 세울 것을 명하고 친히 '백인의문
百忍義門'이라는 글자를 써 주며 현판으로 걸도록 했다. 장공예가 죽
고 나서도 자손들은 '인忍'을 집안의 최고 덕목으로 삼고, 그의 가르
침을 기리기 위해 백인당百忍堂을 세워 제사 지내면서 인을 가훈으로
삼았다.

참지 못해 불러오는 불상사들이 점점 늘고 있다. 2011년 3월 일이
다. 대학병원 의사(31)가 장시간 게임을 한 뒤 자신의 부인과 다투다
목을 눌러 부인을 살해한 혐의로 기소됐고, 해외에서 파견 근무를 하
다 최근 귀국한 이모씨(38)는 외도를 의심하는 아내를 목 졸라 살해한
혐의로 구속됐다. 양모씨(37)는 머리를 염색했다는 이유로 아버지에게
꾸지람을 듣자 둔기로 아버지를 때려 숨지게 해 구속됐다.

전문가들은 이 같은 범죄가 늘고 있는 이유에 대해, 스트레스와 분
노를 참지 못하는 개인이 양산되는 데서 원인을 찾고 있다. 개인적 원
인이든 사회적 시스템에 의한 것이든, 사람들이 분노가 심해지고 참을
성이 약해져 사소한 일에도 화를 잘 내면서 가족 등에 대한 범죄로 이
어지고 있다는 분석이다.

'잠시라도 경중을 파악하지 못하니 순식간에 미치광이가 되는구나
造次失輕重 俄然判聖狂'

조선 후기의 실학자 안정복(1712~91)이 집에서 부리는 종의 일로 인
해 순간적으로 마음을 다스리지 못한 것을 뉘우치며 쓴 시 중 일부다.
화를 참지 못해 종을 심하게 꾸짖은 뒤, 장공예의 고사를 인용한 명나
라 학자 진헌장陳獻章의 아래 글이 문득 생각나서 두려운 마음에 시를
써 반성한 것이다.

노여움의 불길 타오르면 참음의 물로 꺼야 하네. 참고 또 참아도 노여움이 거세진다 할지라도 백 번을 더 참아 마침내 장공예처럼 된다면 큰일도 이룰 수 있도다. 만약 참지 못하면 당장 낭패가 닥칠 것이다.

02 | 자신을 채찍질하는 데는
용맹스럽게 하고

이이 _____ 나의 생질 홍석윤洪錫胤이 자신의 어머니를 뵙기 위하여 떠나려 할 적에 나를 찾아와 이런 이야기를 주고받았다.

석윤 : 제가 학문을 하고자 하지 않는 것은 아니나 뜻이 굳건히 서지 못하여 공부에는 전념하지 않고 하는 일 없이 세월만 보내고 있으니, 경계될 만한 말씀을 주시면 써서 벽에 붙여 놓고 아침저녁으로 보며 저의 게으름을 채찍질하겠습니다.

율곡 : 옥은 쪼아내지 않으면 그릇을 만들 수 없고, 사람은 배우지 않으면 도리를 알지 못한다. 도리를 알지 못하면 사람이 될 수 없으니, 명색이 선비이면서 학문을 하지 않는 자들은 모두 금수禽獸 되기를 꺼리지 않는 것이다. 이미 금수 되기를 꺼리지 않는다면 벽에 경계의 말을 붙여 놓더라도 무슨 도움이 되겠느냐?

석윤 : 원래 배우고자 하지 않는 자에게는 경계의 말이 소용없겠지만, 배우고자 하나 뜻이 굳지 못하여 학문이 잘 되지 않는 자는 경계의 말을 듣거나 보면 분발할 수 있습니다.

율곡 : 그렇다. 사람에게는 병이 두 가지가 있는데 하나는 혈기血氣의

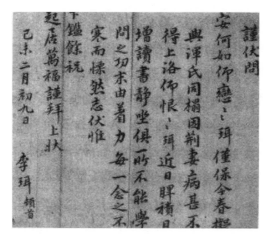

이이의 글씨

병이고 하나는 지기志氣의 병이다. 혈기의 병은 의원에게 묻고 약을 구하여 외물外物로써 치료할 수 있고, 지기의 병은 자각하고 자수自修하여 내심으로 치료할 수 있다. 외물로써 치료할 수 있는 것은 그 권한이 남에게 있고 내심으로 치료할 수 있는 것은 그 권한이 나에게 있다. 그런데 사람들은 대부분 권한이 남에게 있는 혈기의 병은 치료하려 하면서, 권한이 나에게 있는 지기의 병은 조금도 고치려고 노력하지 않으니 괴이한 일이다. 성심誠心으로 몸을 닦고자 한다면 게으름의 병은 근면으로써 치료하고, 욕심의 병은 도리를 잘 따름으로써 치료하고, 몸을 단속함이 엄격하지 못한 병은 장엄莊嚴과 정중鄭重으로써 치료하고, 생각이 산란한 병은 마음을 한 군데 집중하여 잡념을 없애는 주일主一로써 치료해야 한다는 것을 알게 될 것이다. 그러므로 내 몸에 있는 병을 치료하기 위해 약을 밖에서 구하지 않아도 치료하지 못할 병이 없는데, 어찌 학문이 이루어지지 않을 염려가 있겠느냐.

석윤 : 몸을 지키는 중요한 말을 해 주십시오.

율곡 : 집안에 들어와서는 효도하고 밖에 나가서는 공경하며, 글을 읽어 사리를 연구하는 궁리窮理를 돕고, 선을 행하여 사욕邪慾을 버리고 본래의 성품으로 돌아가기를 구하라. 고요히 있을 때는 생각을 한 곳에 모아 잡념을 없애는 경敬으로써 마음을 곧게 하고, 움직일 때에는 사물을 헤아려 사리에 알맞게 하는 의義로써 몸가짐을 방정하게 하며, 자신을 채찍질하는 데는 용맹스럽게 하고, 몸을 지키는 데는 끈기 있게 계속하여라. 내가 너에게 해 줄 수 있는 말은 이것뿐이다. ＿＿＿＿

율곡栗谷 이이가 그의 생질을 경계한 글이다. 글의 제목은 '증홍생석윤설贈洪甥錫胤說'이다. 유학자이자 정치가로 『동호문답』『성학집요』 등의 저술을 남긴 이이는 현실과 원리의 조화와 실효實效를 강조하는 철학사상을 제시했다.

이이는 1558년 별시別試에서 천문·기상의 순행과 이변 등에 대해 논한 천도책天道策을 지어 장원으로 급제하고, 1564년 대과에서 문과의 초시·복시·전시殿試에 모두 장원으로 합격해 '삼장장원三場壯元'으로 불렸다. 또한 생원시·진사시를 포함해 아홉 차례의 과거에 모두 장원으로 합격함으로써 '구도장원공九度壯元公'이라고 불리기도 했다.

정좌를 한 다음에야 | 03
몸과 마음이 수렴된다

이황 _____ 내가 연평延平 이동李同의 정좌靜坐의 설에 대해 여쭙자, 선생께서 말씀하시기를 "정좌를 한 다음에야 비로소 몸과 마음이 수렴되어 도리道理가 응집할 곳이 있게 되는 법이다. 만약 육신을 태만하게 방임하여 검속檢束하지 않으면 심신이 혼란해져서 도리가 다시는 정착하여 머무를 곳이 없게 될 것이다. 그래서 주자는 연평과 하루 종일 정좌하고 있다가 물러나 집에 돌아와서 혼자 있을 때도 여전히 그렇게 했던 것이다." 하였다.

　내가 여쭙기를 "정좌만 하고 있다가 육체의 구속으로 인해 병이 생기면 어떻게 합니까?"하니 선생께서 말씀하시기를 "피와 살로 이루어진 몸이 어릴 적부터 검속을 받는 일이 없다가 하루아침에 갑자기 정좌해서 수렴한다고 한다면 어찌 구속에 따른 병이 생기지 않겠는가. 모름지기 굳게 고통을 참고 이를 풀어 주는 일이 없이 오래도록 수련한 다음에야 바야흐로 구속에 따른 병이 없을 것이다. 만약 구속당하는 것은 싫어하면서 저절로 그렇게 되기를 기다린다면, 이것은 곧 온몸이 모두 마음의 명령에 따라 공손하고 편안한 성현이나 가능한 일이지, 처음 배우는 자가 능히 할 수 있는 일이 아니다. 대개 구속에 따른 병이 생기는 것은 실로 공경스런 마음을 간직하는 공부가 지극하지 못한 데서 말미암는 것으로, 편안함과 방자함을 날마다 추구하기 때문에 생기는 것이다. 마음이 만약 항상 깨어 있어서 게으르고 방종함이 없다면, 몸의 모든 부분이 저절로 수렴收檢되어 마음을 따르게 될 것이다."하였다.

또 말씀하시기를 "학문을 하는 도리는 반드시 전일專一한 마음으로 오랜 기간에 걸쳐서 한 다음에야 이루어지는 것이다. 만약 제멋대로 들락날락하는 마음을 가지고 배우다가 말다가 한다면, 학문을 어떻게 이루겠는가. 그러므로 주자가 등공에게 고하기를 '전일하게 오래도록 해야만 이루어지는 것이다. 두세 번만 중단해도 실패한다'고 했던 것이다."하였다.

또 말씀하시기를 "연평 이동이 말한, 묵묵히 앉아서 맑히고 천리를 체인體認하였다는 설은 배우는 자들이 글을 읽고 이치를 궁구하는 방법에 있어서 가장 긴요한 것이다"하였다. _____

퇴계 이황의 정좌수행법으로, 학봉 김성일이 남긴 〈퇴계선생 언행록〉에 나오는 내용이다. 정좌법이 언제 유가에 수용됐는지 확실하지는 않지만, 주렴계(1017~1073)가 그의 태극도설에서 '주정립인극主靜立人極'이라고 언급한 이후 정명도(1632~1685)와 정이천(1032~1107)이 사람들에게 정좌를 가르쳤다. 또 주자(1130~1200)의 스승 연평 이동(1093~1163)도 '묵좌징심默坐澄心'을 강조한 바 있다.

그리고 주자도 '주정主靜' 대신 '주경主敬'을 수행의 방법으로 강조하면서도, 때로는 '반일정좌半日靜坐 반일독서半日讀書'라고 하여 정좌를 중시하는 태도를 보이기도 했다. 이처럼 정좌법이 송대 성리학의 발흥 이후 유가에 의해 수용되어 주로 정시靜時의 수행법으로 활용되었음을 알 수 있다. 그러나 주자의 경우, 이것이 너무 정으로 치우쳐 불교의 좌선이나 도가의 좌망坐忘과 동일시 될 수 있음을 염려해 동정을 일관할 수 있는 수행법인 경敬으로 대체하고자 했던 것이다.

연평은 '학문의 도는 다언多言하는데 있지 않고, 다만 묵묵히 앉아서 마음을 밝혀 천리를 체인하는 것이다.(默坐澄心 體認天理) 이렇게 하여 진실로 보는 바가 있게 되면 비록 사욕이 터럭만큼만 발동하더라도 또한 물리칠 수 있을 것이다. 이것을 오래오래 힘쓰면 점차로 밝아져 강학함에 깊이 깨달아 확고한 힘을 얻게 된다'고 했다.

묵좌징심은 곧 정좌이고, 체인천리는 정좌의 효과인 것이다. 천리의 체인은 달리 말하면 희노애락喜怒哀樂 미발未發의 중中을 구하는 것이며, 도를 체증하는 것이다. 정좌로 심신을 수렴하면 '순수지선하고 깨어있는' 마음의 바탕이 함양된다. 이것이 심성함양의 공부인 것이다.

주자가 확립한 거경함양법居敬涵養法은 어떤 것일까? 거경함양법은 거경궁리법居敬窮理法이라고도 하고, 경법 또는 거경법이라고도 한다. 경법은 동정動靜을 일관하는 수행법이다. 여기에는 고요히 있을 때 공부인 존양存養과 움직일 때 공부인 성찰省察이 있다. 그리고 존양이 성찰의 기반이 되므로 더욱 중시된다. 이때 존양을 특히 거경존양 또는 거경함양이라고 부른다. 또 경의 동정을 그대로 체용體用으로 나눌 수 있으므로 거경존양이 체가 되고, 성찰은 용이 된다.

그리고 거경궁리에서의 궁리는 바로 경용敬用인 성찰의 단계에서 행해지게 된다. 그리고 보면 궁리는 거경을 떠나 있는 것이 아니라 그대로 거경에 포괄된다. 그러면서 거경과 궁리는 상보적 관계에 놓이게 된다. 그러므로 거경은 동정과 체용을 일관하는 방법이 되는 것이다. 이러한 경법의 토대인 거경함양이란 순수지선하고 깨어있는 마음의 함양이고 이것은 우리의 마음을 성성하게 하는 것이기도 하다.

거경함양을 위한 구체적 방법의 하나가 정좌이다. 정좌는 몸의 수렴을 통해 마음의 수렴에 이르고자 한다. 몸의 수렴을 위해 앉는 법, 호흡법 내지 관법 등이 있을 수 있다.

앉는 법으로 크게 두 가지가 있다. 두 무릎을 꿇고 앉는 위좌危坐와 무릎을 포개고 앉는 반좌盤坐이다. 유가에서는 연평과 주자 이후 주로 위좌법을 택했다. 퇴계와 남명도 위좌를 선호했던 것 같다.

호흡의 조절은 흔히 조식調息이라고 하는데, 이것은 앉는 법 못지않게 중요하다. 주자의 '조식잠調息箴'을 보면, 심안心眼과 코끝과 단전이 일직선에 놓이게 하고, 호흡의 방법도 동흡정허動吸靜噓를 극진히 해야 한다고 하고 있다.

반개한 안구와 단전, 그리고 그 중간의 코끝이 일직선으로 되어 응신凝神한 심안이 코끝을 거쳐 단전을 내조하는 것이다. 이 때 코끝은 흰 빛으로 보일 듯 말 듯하므로 '코끝에 흰 점이 있어 나는 항상 그것을 관한다'라고 말한 것이다

학자들은 이러한 정좌법이 선불교의 좌선법 영향을 받았을 것으로 보고 있다.

주자의 조식잠은 다음과 같다.

코끝에 희게 보이는 한 점이 있어 나는 항상 그 점을 응시하며, 어느 때 어느 것에 처하든 마음을 텅 비게 하고 얼굴은 평온하게 한다. 고요

함이 지극하면 숨을 내쉬되 봄날 연못의 물고기같이 고요히 하고, 움직임이 지극하면 숨을 들여 마시되 백 가지 벌레가 웅크리듯 한다. 하늘과 땅의 기운이 열리고 닫히는 묘한 이치는 다함이 없는데, 누가 있어 그 무위의 일을 다스려 가는가? 구름 위에 누워 하늘을 나는 일은 내가 감히 논할 일이 아니지만, 하나—를 지켜 1천 200세를 사는 일은 기약해본다.

04 | 자신을 하늘과 같이
생각하면

장흥효 _____ 천지만물은 본래 한 몸이다. 내가 이理를 갖고 있으면 남도
또한 이를 갖고 있으니, 나의 것을 바르다 하고 남의 것을 그르다고 하는
것이 어찌 남의 것과 나의 것을 둘 다 잊는 것만 같겠는가?

나의 몸을 볼 것이 아니라 단지 나의 이理를 볼 것이며, 남의 몸을 볼
것이 아니라 단지 남의 이를 볼 것이다. 남과 나라는 것은 물物이다. 물이
있으면 반드시 이가 있으니, 물을 볼 것이 아니라 단지 이를 보아야 할 것
이다.

자기의 것을 많게 하고자 하고 남의 것을 적게 하고자 하는 것은 기욕
己欲이 있기 때문이다. 기욕이 없다면 누구의 것을 많게 하고 누구의 것을
적게 하고자 하겠는가? 자기편을 이기게 하고 남의 편을 이기지 못하게
하고자 하는 것도 역시 기욕이 있기 때문이다.

자기 스스로를 남과 같다고 생각하고, 남을 또한 자기와 같다고 생각
한다면 어찌 자랑할 것이 있겠는가? 자기 스스로 또한 하늘과 같다고 생
각하고, 하늘을 또한 자기와 같다고 생각한다면 어찌 하늘을 원망하고
사람을 탓함이 있겠는가? _____

학봉 김성일의 수제자인 경당敬堂 장흥효(1564~1633)가 세상의 학자들이 자기 위주로 생각하는 좁을 사고에 빠져 이치의 근원이 한 가지임을 알지 못하는 것을 깨우쳐 주기 위해 이야기한 가르침이다.

그는 또 배우는 사람들에게 말하였다.

사람이 도道를 떠날 수 없는 것은 마치 물고기가 물을 떠날 수 없는 것과 같다. 물고기가 물을 떠나면 죽고, 사람이 도를 떠나면 귀신이 된다. 그러니 제군들이 물고기가 큰 골짜기의 물에서 마음대로 노니는 것을 배우지 않고, 물에서 나와 죽게 되는 것을 배워서야 되겠는가.

그는 또 다음과 같이 강조했다.

학문을 함에 있어서 근독謹獨을 주主로 하지 않으면 모두가 허식이다. 『중용』에서 덕을 쌓는 일을 말하면서 단지 '홀로 있을 때 삼갈 것'을 말했으며, 『대학』에서는 학자의 일을 말하면서 특별히 '필必'이란 글자를 덧붙였으니 옛 성현들이 반드시 근독하는 것에서부터 공부를 시작했음을 알 수 있다'고 하고, 덧붙여 '홀로 잠자리에 있을 때도 이불이 부끄럽지 않아야 한다'라는 한 구절을 잠시도 잊어서는 안 된다.

05 | 말처럼 뛰어노는
마음을 어떻게 할 것인가

장흥효 _____ 경당이 마음을 수련하는 것을 날뛰는 말을 길들이는 것에 비유해 지은 시다. 제목은 '의마意馬'다. 의마는 마음이 자꾸 움직여 한 곳에 머무르지 못하는 것을 달아나는 말에 비유하고 있다.

사람 되고 귀신 되는 관문 머리에 말 한 마리가 있으니
이 말은 보통 말과 다르네
혹 길을 갈 수도 혹 안 갈 수도 있는데
늘 그 출발은 단전에서 비롯되고 있다네
성성주인惺惺主人이 이 말을 타면
하루 종일 잠시도 머무는 바가 없네
출발하려 할 때 그 기미를 살피는데
출발하면 반드시 본성에 따를 뿐 겉으로 꾸밈이 없네
혹시 잠깐이라도 기미를 못 살핀다면
천 리 멀리 마구 달아나 잡기 어렵다네
반드시 주일主一로 말고삐를 몰아야 하지
그렇지 않으면 필경 모두 구차해진다네

막기를 성城같이 하지 않고 가는
대로 맡긴다면

한 순간에 벌써 수십 리를 달아
나지

이런 말을 누가 엄중하게 단속
하지 아니하랴

혹시 그런 사람이 있다 해도 그
수가 적음을 아네

아! 나 또한 길들이지 못한 말이
있으니

진실무망眞實無妄한 선한 말을
어떻게 얻을까

김시 작 「동자견려(童子牽驢)」, 조선시대

3장

독서의 도
독서를 제대로 하려면

선비의 독서는
심신수양 수단이다 | 04

우리나라에서 독서문화가 본격적으로 발전하기 시작한 것은 성리학이 들어온 뒤부터다. 성리학적 이념으로 무장한 신흥 사대부계층이 사회의 중심축으로 성장한 고려 말과 조선 초에 이르러서였다.

이 사대부들은 박지원이 '독서를 하면 사士요, 정치에 종사하면 대부大夫이다'라 지적한 바와 같이, 평소에는 유가의 경전과 시문·사서史書 등을 읽으며 교양을 쌓다가 기회가 닿으면 정치 일선에서 활동하는 인물들이었다. 그래서 이들 선비계층은 주업이 독서였고, 독서를 통해 그들의 덕행과 학식을 쌓았다.

우리나라의 독서문화는 유학과 밀접한 관련을 가지고 발전한 것이다. 그래서 우리 선인들이 읽던 책들은 유학과 관련된 책이 대종을 이룰 수밖에 없었다.

글을 읽는 요결은 반드시 성현의 말과 행동을 마음에 새기고 침잠하여 묵묵히 완미한 다음에야 바야흐로 함양되어 학문이 진보하는 성과가 있는 것이다. 만약 대충대충 읽고 대강대강 말해 버리고 말 경우, 이는 말마다나 외우고 귀로 듣고 입으로 옮기는 말습末習에 불과한 것이다. 그러니 비록 천 편의 글을 외우고 머리가 희도록 경전을 떠들어 댄들 무슨 이로움이 있겠는가.

퇴계 이황이 하던 말을 제자인 학봉 김성일이 기록한 내용이다.

이황과 함께 우리나라 유학사를 빛낸 율곡 이이는 '도道에 들어가는 데는 이치를 깊이 연구하는 것보다 먼저 해야 할 것이 없다. 이치를 깊이 연구하는 데는 가장 먼저 해야 할 것이 독서다'고 하였다.

그리고 마음을 다해 뜻을 극진히 하고, 생각을 가려 정밀히 하며, 숙독하고 깊이 머금어 그 의미를 풀어내 구절마다 반드시 그 실천할 방법을 구해야 된다고 하였다. 만일 입으로만 읽어 마음으로 체득하지 못하고 몸으로 행하지도 못한다면, 아무런 깨우침이나 이익이 없게 된다고 하였다.

선비에게 독서는 단순히 흥미나 지적 욕구를 채우는 수단이 아니었다. 덕을 기르고 심신을 수양하는 수행의 수단이었던 것이다.

가장 큰 즐거움 | 02

장혼 _____ 사람들이 즐거워할 만한 것은 많습니다. 귀에는 소리가, 눈에는 색깔이, 입과 코에는 냄새와 맛이 그러하지요. 이러한 것들이 눈앞에 몰려들어 마음을 흔들면, 반드시 온갖 지혜를 다 짜내고 위험을 무릅쓰면서까지 하고자 하는 바를 이루려고 하지요. 그러나 그 좋아하는 바는 불과 잠깐 사이의 일일 뿐입니다.

여러 가지 음악이 떠들썩하거나 맑은 노래 소리가 울려 퍼지거나 간에, 연주가 한 번 끝나고 나면 산은 텅 비고 물만 흐를 뿐이지요. 하얗게 분을 바르고 새까맣게 눈썹을 칠하고서 웃음과 교태를 바치는 여인이 있다 하더라도, 이들이 한 번 흩어지고 나면 가물거리는 촛불과 지는 달빛만 비칠 뿐이지요. 난초와 사향이 향을 풍겨도 한 번 냄새를 맡고나면 그만이지요. 맛난 고기가 가득 차려져 있어도 불과 한번 먹고 나면 그만이지요. 이 모두가 태허太虛에 회오리바람이 먼지를 쓸어 가버린 것과 다름이 없겠지요.

이에 비해 눈과 귀에도 즐겁고, 마음과 뜻에도 기뻐서, 빠져들수록 더욱 맛이 있어 늙음이 이르는 것도 알지 못하게 되는 것은 책을 이르는 것이 아니겠습니까? 비록 혼자 호젓한 때 적막한 물가에 있다 하더라도 문을 닫고 책을 펼치고 있노라면, 완연히 수백 수천의 성현이나 시인, 열사와 더불어 한 침상 사이에서 서로 절을 하거나 질타하는 것과 같으리니, 그 즐거움이 과연 어떠하겠습니까?

사람들 중에 나의 법도를 따르고 나와 마음을 함께하는 이는 거의 드물겠지요. 유예六藝에 종사하지 않는다면 그만이겠지만, 종사하는 이가 있다면 책과 더불어 놀지 않을 수 있겠습니까? 저 금과 옥은 보배고, 문장 또한 보배지요. 백 근이나 되는 묵직한 물건은 보통사람이라면 감당하기 어렵겠지만, 다섯 수레의 책도 돌돌 말면 가슴 속 심장 안에 넣어 간직해둘 수 있을 것이요, 이를 활용하면 조화에 참여하고 천지에 가득하게 되겠지요.

아, 사람이 어찌 쉽게 늘 이것을 누릴 수 있겠습니까? 지금 세상에 이것을 누릴 이가 그 얼마나 되겠습니까? 제가 당신과 알게 된 지는 오래되었으나 만난 지는 얼마 되지 않았습니다. 사귐이 얕은데 말이 깊은 것은 선철께서 경계한 바지요. 그런데도 당신은 저를 못났다 여겨 멀리하지 않으셨으니, 이 때문에 감격하여 부끄럽습니다. 보답을 하고자 생각을 하면서도 그렇게 하지 못하였습니다.

예전에 당신의 문장을 보았습니다. 가히 정교하고 치밀하다고 말할 만하였습니다. 그러나 공자께서 "좋아하는 것은 기뻐하는 것만 같지 못하고, 기뻐하는 것은 즐기는 것만 같지 못하다."고 말씀하시지 않았습니까?

대개 배울 줄은 알지만 좋아할 줄 모르는 자는 어리석은 사람입니다. 좋아하지만 그 뜻을 가다듬어 그 힘을 다하지 않는다면, 앞서 말한 입과 코, 귀, 눈이 누리는 짧은 즐거움과 그 거리가 한 치도 되지 않는다고 하겠습니다. 그런데 저와 당신이 서로 권면하지 않을 수 있겠습니까? 말이

윤두서 작 「고사독서(高士讀書)」, 조선시대

망령되다 마시고 가려 받아들이신다면 참으로 다행이겠습니다._____

서울 인왕산 아래 옥류동玉流洞에 살던 가난한 선비 장혼張混이 벗 김용재에게 보낸 편지다. 가난하고 외롭지만 책을 읽고 기뻐하는 것이 인생의 가장 큰 즐거움이라 이야기하고 있다.

장혼(1759~1828)은 가난한 선비였다. 인왕산 자락 옥류동에서 시와 글을 사랑하면서 살았다. 당시 인왕산 자락 옥류동에는 가난하지만 학문과 문학을 사랑하던 이런 선비들이 많이 살았다. 장혼의 이이엄而 已广 외에도 천수경千壽慶의 송석원松石園, 왕태王太의 옥경산방玉磬山房,

김낙서金洛瑞의 일섭원日涉園, 이경연李景淵의 적취원積翠園과 삼우당三友堂 등 작지만 운치 있는 집이 있었다.

장혼과 절친하였던 김의현金義鉉 역시 근처에 살았다. 김의현은 자를 사정士貞이라 하고 호를 용재庸齋라 하였는데, 그의 시집 〈용재집〉이 전한다. 장혼과 함께 규장각에서 하급 관리로 일했다.

장혼과 그의 벗들은 하급 관리로 문서더미 속에 살았지만 그럼에도 풍류를 알아 짬을 내어 자주 옥류동에서 모임을 가지고 함께 시를 짓곤 했다.

장혼은 참으로 책을 사랑한 사람이었다. 그래서 벗 김의현이 아름다운 시를 지어 보였지만, 시보다 책을 더욱 사랑하라는 충고의 말을 넌지시 던졌다. 학문을 진정으로 배우고 진정으로 사랑하며, 이를 위해서는 책을 진정으로 즐기는 것이 중요하다고 한 것이다.

허균 _____ 독서하기에 좋은 때가 있다. 여기에는 위나라 사람인 동우가
말한 삼여지설三餘之說이 가장 이치에 들어맞는다. 그는 다음과 같이 말
했다.

밤은 낮이 남겨놓은 여분의 시간이다. 비오는 날은 맑은 날이 남겨
놓은 여분의 시간이다. 겨울은 한 해가 남겨놓은 여분의 시간이다. 이
러한 여분의 시간에는 사람들의 일이 다소간 한가로워져 마음을 하나
로 집중해서 독서할 수 있다.

그럼 어떻게 해야 하는가.

맑은 날 밤 고요하게 앉아 등불을 켜고 차를 달이면, 온 세상이 쥐죽
은 듯 조용하고 간혹 종소리만 들려온다. 이때 이 아름답고 고요한 정경
에 빠져 책을 읽으며 피로를 잊는다. 또한 이부자리를 걷고 여자를 멀리
한다. 이것이 첫 번째 즐거움이다.

비바람이 몰아쳐 길을 막으면 문을 잠그고 방을 깨끗하게 청소한다.
사람의 들고남이 끊어지고 책만 앞에 가득히 쌓여 있다. 마음이 가는대로

정선 작 「독서여가(讀書餘暇)」, 조
선시대

책을 뽑아든다. 시냇물이 졸졸졸 흐르는 소리가 들리고 처마 밑 고드름
에 벼루를 씻는다. 이처럼 그윽한 고요함이 바로 두 번째 즐거움이다.

　낙엽이 떨어진 나무숲에 한 해가 저물고, 싸락눈이 내리는가 싶더
니 어느새 깊게 눈이 쌓여 있다. 바람이 마른 나뭇가지를 흔들며 지
나고, 겨울새가 들녘에서 울음 운다. 방안에 난로를 끼고 앉아 있노
라면 차 향기에 달콤한 술이 익어간다. 이러한 때 시와 글을 모아서
엮고 있으면 좋은 친구를 대하는 것처럼 마냥 즐겁다. 이것이 세 번
째 즐거움이다.

　　　　　교산蛟山 허균(1569~1618)의 글 「고요한 생활靜業」

김성일_____ 내가 퇴계 선생에게 독서하는 방법에 대해 물었다. 이에 퇴계 선생께서는 '오직 익숙해질 때까지 읽어야 한다. 대개 독서하는 사람은 비록 문장의 뜻을 이해하고 있더라도 그 문장에 익숙해지지 않으면 읽은 후 즉시 잊어버린다. 그래서 마음속에 간직할 수가 없다. 이미 공부한 것은 반드시 완전히 익숙해지도록 더욱 힘을 써야 한다. 그런 다음에야 마음속에 간직할 수가 있으며, 흠뻑 젖어드는 묘미를 느낄 수 있다'고 말씀하셨다.

또한 퇴계 선생께서 말씀하시길 '독서할 때 가장 중요한 것은 옛 성인과 현자의 말과 행동을 겉으로 드러내지 않으면서도 마음속 깊이 새겨 묵묵히 음미하는 것이다. 그러면 식견과 올바른 심성이 서서히 자라나 학문이 발전하는 성과를 볼 수 있다. 대충 읽고 대강 말해버린다면 이것은 몇 마디의 말 혹은 몇 마디의 문장만을 귀로 듣고 입으로 옮기는 쓰레기 같은 학문에 불과하다. 비록 천 편의 글을 모두 외우고 머리가 하얗게 세도록 경전에 대해 떠든다 해도 무슨 이로움이 있겠는가'라고 하셨다. 그리고 '낮에 독서한 것은 반드시 한밤중에 골똘히 생각하고 풀어보아야 한다'고 하셨다.

학봉鶴峯 김성일(1538~1593)의 「퇴계선생언행록」

성급한 마음 버려야

허목 _____ 독서할 때 가장 우려할 일은 함부로 단계나 순서를 뛰어넘어 빨리 성취하는 마음만을 갖도록 조장하는 짓이다. 이것은 사사로운 욕심이 이미 독서하는 본뜻을 억누르기 때문에 생겨나는 폐단이다. 사사로운 욕심을 앞세우고 독서의 목표를 성취한 사람은 일찍이 없었다.

온갖 생각과 근심으로 마음이 산만하고 혼란스러울 때 공경하거나 경

이명기 작 「미수 허목 초상」, 조선시대

계하지 않고 무엇으로 마음을 안정시킬 수 있겠는가. 공경과 경계란 온 마음을 한곳에 집중하는 일이다. 한곳에 집중하면 생각과 근심은 자연스럽게 고요해진다.

독서하는 사람은 모름지기 사람이 마땅히 해야 할 일을 얻어서 그 이치를 구해야 한다. 그런 다음에야 '앎과 실천'이 나란히 발전해나갈 수 있다. 사람이 마땅히 해야 할 일에 대한 독서에 이르기도 전에 사람의 타고난 본성과 하늘이 지닌 뜻을 구하려고 하면 근본이 올바르게 서지 않게 된다. 이때는 진실한 마음이 완전하게 세워져 있지 않아, 갑자기 얻었다가 또한 갑자기 흘러나올 뿐 아무런 이로움이 없다. 또한 단계나 순서를 제멋대로 뛰어넘어 높은 곳만을 엿보아서는 안 된다.

미수 허목(1595~1682)의 글 「학문하는 사람에게 답함」

06 | 엄숙하게
스승을 대하듯

이익 _____ 뭔가를 얻어 보겠다는 목적으로 독서하는 사람은 아무리 읽어도 소득이 없는 법이다. 과거 시험을 치르기 위해 공부하는 사람은 입술이 썩고 이가 문드러질 지경에 이르도록 독서를 해도 일단 글 읽기를 멈추면, 마치 장님이 희고 검은 것에 대해 말하지만 정작 무엇인지 알지 못하는 것과 마찬가지로 캄캄해진다.

그런 사람의 말은 단지 귀로 들어와서 입을 통해 나오는 것에 불과하다. 마치 배가 터지도록 먹고도 토해낸다면 우리 몸에 아무런 이로움이 없을 뿐만 아니라, 사리에 어긋난 행동으로 그 뜻조차 온당하게 대접받지 못하는 것과 마찬가지다.

배우는 도리에서 어려운 것은 스승을 엄숙하게 대하는 것이다. 스승을 엄숙하게 대한 후에야 도리가 높아지게 되고, 도리가 높아진 후에야 학문을 공경하게 된다. 태학의 예절에는 비록 황제 앞이라고 하더라도 스승은 북면(임금을 바로 보고 앉는 신하의 자세)하는 일이 없다. 이것은 스승을 엄숙하게 대하는 태도를 가리킨다.

독서를 할 때는 상서로운 동물인 봉황이 우연히 산모퉁이에 이르렀는데 걸음이 너무 느려서 보지 못할까 걱정하는 마음처럼 책을 보지 못할

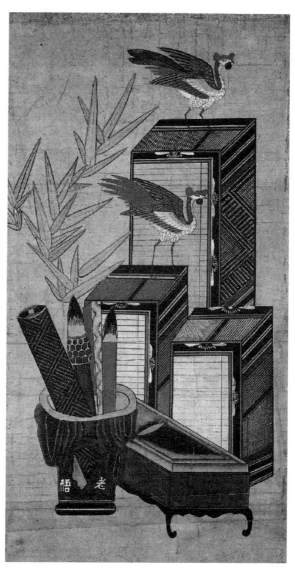

조선시대 민화 「책가도(册架圖)」

까 염려해야 한다. 책을 볼 때는 사랑하는 어머니와 오랫동안 헤어졌다가 다시 만난 것처럼 여겨야 한다.

또 독서를 하다가 의혹이 생기거나 학문을 강의하고 토론할 때는 유명한 의원에게 아픈 자식의 치료법을 묻는 것처럼 정성을 다해야 한다. 그리고 독서를 하다가 마음속에 깨달음이 있을 때는 더위를 만나 갈증이 심할 때 길에서 시원한 음료를 마시는 것처럼 하고, 독서를 통한 깨달음을 실천할 때는 보검을 갈아 시험 삼아 베어보는 것처럼 해야 한다. 이것을 일러 눈으로 보고 입으로 굴리고 마음으로 운용하고 손으로 처리하는 것이 모두 딱 들어맞는다고 하니 얼마나 다행한 일인가.

옛날에 남영주가 노자를 만나 '기러기처럼 뒤를 쫓되 노자의 그림자를 밟지 않으려고 외발짐승인 기처럼 섰다가 뱀처럼 나아가 가르침을 받았고, 10일 동안 굶주렸다가 아주 귀한 칼이 태뢰太牢를 얻은 것처럼 여겼다'고 했다. 이는 모두 독서와 학문을 할 때 스승을 엄숙하게 대하는 태도를 가리키는 것이다.

성호 이익의 글 「독서에서 구하다有求讀書」

깨달아 얻지 못하는 일이 없다 | 07

최한기 _____ 의복과 음식이 주는 즐거움은 세상살이의 근심과 걱정을 잊도록 해 준다. 반면에 독서에서 얻는 즐거움은 스스로 깨달아 알게 되는 것이다. 사람의 몸은 의복과 음식 덕분에 보호받으며 자라지만, 그 마음과 성품은 스스로 기르고 얻어서 발전한다.

사람은 평생 동안 의복과 음식에 대한 걱정과 근심을 안고 살아간다. 1년 내내 부지런히 농사를 지어 곡식과 각종 옷감이 창고에 가득 차면 사람은 자신도 모르게 마음속에 즐거움을 품는다. 그 이유는 바로 한 해 동안 의복과 음식에 대한 걱정을 잊고 지낼 수 있기 때문이다.

독서는 사람이 살아가는 동안 평생 해야 할 일이다. 스스로 깨달아 얻으려고 하지 않는다면, 비록 보잘 것 없고 사소한 일일지라도 근거로 삼을 만한 것이 없다. 여러 해 동안 연구하거나 깊게 탐구하고 사색해 사물의 이치가 뚜렷이 드러나면, 비로소 만족할 만한 즐거움을 얻는다. 이것은 다른 까닭이 아니라 스스로 깨닫고 얻어 평생토록 자신을 지키고 유지할 수 있는 바탕으로 삼을 수 있기 때문이다.

의복과 음식에 대한 걱정이나 근심이 없는 경우를 독서에서 스스로 깨달음을 얻는 일과 비교해 보자. 의복과 음식에 대한 걱정을 안고 산다면 몸이 제대로 보호되고 자랄 수 없다는 사실을 사람들은 쉽게 안다. 그래서 이들을 구하려고 죽을 힘을 쏟으므로 얼어 죽거나 굶어 죽는 경우가 자못 적다.

그러나 독서를 하여 스스로 깨달아 얻는 것이 없으면 그 마음과 성품이 발전할 수 없다는 사실은 사람들이 알기 어렵다. 또한 이것을 얻으려고 힘을 쏟지도 않는다. 이 때문에 수많은 사람들이 죽을 때까지 아무것도 모르는 어리석음에서 벗어나지 못하고 있다. 만약 독서를 통해 스스로 깨달아 얻는 일에 음식과 의복에 대한 근심을 없애는 일처럼 힘을 쏟는다면 반드시 스스로 깨달아 얻을 수 있는 방법을 찾을 수 있을 것이다.

처음 한 가지를 스스로 깨달아 얻는다면 깊게 파고들어 생각하고 연구하는 즐거움이 주는 오묘한 느낌을 맛볼 수 있고, 여러 가지를 스스로 깨달아 얻게 되면 점차 미루어 생각하고 헤아려 이치를 깨닫는 일의 통로가 열리게 된다. 작은 일을 스스로 깨달아 얻음으로써 이 추측의 통로를 넓혀 나가다 보면 마침내 큰일도 스스로 깨달을 수 있게 된다.

여기에 더 나아가 스스로 요령과 사물의 경중을 헤아릴 줄 아는 수준에 이르면, 곧 스스로 깨달아 얻지 못하는 일이 없어진다. 그 즐거움이란 천하에 비견할 만하다.

혜강惠岡 최한기(1803~1877)의 글「스스로 깨달아 얻는 일自得」

독서와 학문을 귀하게 여길 뿐 | 08

기대승 _____

책을 짊어지고 스승을 찾아 높은 암자에 올라가니

창문에 비치는 해 그림자 달리는 말의 모습이네

오늘 힘써 노력하지 않으면 내일도 마찬가지인데

다른 날의 한스러움을 어찌 견뎌낼까

3천명의 제자가 적다고 할 수 없지만

당堂에 올라 방으로 든 제자 몇 명이나 되겠는가

정치와 문장은 모두 하류의 공부이고

예나 지금이나 오로지 덕행을 닦는 사람을 꼽을 뿐이네

문장의 화려함은 봄꽃처럼 아름답고

부귀가 넘쳐 남은 냇물조차 멈추게 하지만

서리 내리고 물막이가 터지면 어디에서 찾을 수 있겠는가

달 밝은 가을밤 옥으로 만든 병 맑구나

만 권의 책을 읽은들 그 뜻 다하지 못한다면

평평한 언덕에 말 달리는 일과 무엇이 다르겠는가

한 글자의 정확하고 미묘한 뜻 누가 해석해 얻으랴

성인과 현자는 학문과 독서를 귀하게 여길 뿐 부귀와 재주는 바라지 않네

고봉 기대승의 글「학문을 권하는 작은 시勸學小詩」

5부

삶과 죽음生死
어떻게 살며 죽을 것인가

1장

행복한 삶
어떻게 살 것인가

감동의 '머리카락 짚신' 이야기 | 01

마음을 다하는 '진심盡心'을 보기 힘든 요즘이다. 사욕을 위해 양심과 준법정신을 저버리는 일이 다반사인 이 시대의 우리를 돌아보게 하는 이야기가 있어 소개한다. '풍산김씨 허백당 세적世蹟'에 나오는 내용이다.

허백당虛白堂 김양진(1467~1535)의 증손자인 유연당悠然堂 김대현(1553~1602)과 관련된 이야기다. 두 사람 모두 불천위(큰 공적이나 학덕으로 영구히 사당에 모시고 기리도록 한 사람의 신위) 인물이다.

유연당이 산음山陰(경남 산청) 관아에서 사망했다. 함양군수는 여러 고을에 부음을 내고, 필선弼善(조선시대 왕세자 교육을 담당하던 시강원의 정4품 벼슬) 권집, 정언正言(사간원 언관) 오장, 생원生員 박문양 등이 수의를 마련하고 염습을 도와 지성으로 상을 치렀다. 그리고 사망한 지 5개월 후(음력 8월) 선영인 광석산(경북 예천)에 안장했다.

장례를 마친 몇 달 뒤인 겨울 어느 날, 그의 아들이 어머니인 유연당 부인 전주 이씨에게 여느 때처럼 문안을 드리러 갔다. 그런데 이씨는 방 안인데도 머리에 흰 무명 수건을 둘러 쓰고 있었다.

"어머니 웬 수건을 쓰고 계십니까?"

"겨울철이라 머리에 선뜩한 바람이 이는구나."

아무래도 이상한 느낌이 든 아들은 "어머니 그 수건 어디서 나왔습니까?"하고 물으면서 손을 어머니 머리쪽으로 내밀었다. 이씨는 수건을 꾹 누르며 "나는 이 수건을 오랫동안 벗을 수가 없다."하고는 눈물을 삼키며 일어서더니, 벽장 안에서 검은 줄이 얼룩얼룩한 짚신 한 켤레를 내놓았다.

신을 살펴보던 아들은 깜짝 놀라면서 "어머니 어찌된 일입니까. 이 신은…"하며 두 손을 꼭 잡았다. "지난 봄, 너의 아버지 초상에 도와준 산음 고을 사람들에게 결초보은하고자 곰곰이 생각해보았다. 나의 모든 정성을 다 드리기 위해 삭발하여 짚과 함께 신을 삼게 했다. 내 성의이니 그 분들에게 갖다 드려라."

아들은 그 신을 깨끗한 보자기에 싼 다음 가슴에 안고 500리 길을 떠났다. 수일 후 산음의 권집에게 사실을 이야기하고 신을 싼 보자기를 건네주니, 그는 깜짝 놀라면서 그 정성어린 물건을 거절할 수도 반송할 수도 없어 오장, 박문영 등과 의논한 끝에 작은 사당을 지어 보관했다.

그 후 270여년이 지난 1870년대 어느 날, 그곳 산음의 권씨댁에서 동도회同道會 제현의 후손들이 모임을 가졌는데, 그 때 유연당 후손 김병황이 참석했다가 그 사람들이 사연과 함께 돌려주는 신을 받아 곱게 싸안고 돌아와서 광석산 묘소 곁에 묻었다고 한다.

이 이야기를 읽었을 때 감로수를 마신 듯한 기분이었다. 이야기 주인공인 이씨 부인은 장성한 아들 8형제를 두었는데 모두 소과에 합격하고, 이들 중 5형제는 대과에 급제했다. 당시 인조 임금은 이 일을 '8련5계지미八蓮五桂之美'라며 칭찬했다.

홀로 된 며느리
개가하도록 하다 |02

이황 _____ 퇴계 이황의 차남이 21세의 젊은 나이로 세상을 떠나자, 한창 젊은 나이의 며느리는 자식도 없는 과부가 되었다. 이황은 홀로된 며느리 걱정에 하루도 마음 편할 날이 없었다. '남편도 자식도 없는 젊은 며느리가 어떻게 긴 세월을 홀로 보낼까?'

그리고 혹여 무슨 일이 생기면 자신의 집이나 사돈집 모두에게 누가 될 것이기에, 밤마다 집안을 둘러보며 며느리가 무사한지 확인하곤 했다.

어느 날 밤, 집안을 둘러보던 이황은 며느리의 방으로부터 소곤소곤 이야기하는 소리가 새어나오는 것을 듣게 되었다. 순간 이황은 놀라지 않을 수 없었다.

이황은 차마 내키지 않는 일이지만 며느리의 방을 엿보지 않을 수 없었다. 문틈으로 방안을 들여다보니 며느리가 술상을 차려 놓고 짚으로 만든 선비 모양의 허수아비 인형과 마주앉아 있는 이야기하고 있는 것이었다.

며느리는 인형 앞에 상 차려 놓은 채 "여보, 한 잔 잡수세요. 이 음식도 드셔보세요. 당신을 위해 직접 만든 것입니다."라며 마치 살아있는 남편을 대하듯 말을 하고 있었다. 그렇게 한참 동안 이런저런 이야기를 하다가 흐느끼기 시작했다.

이황은 가슴이 미어졌다. 죽은 남편이 얼마나 그리웠으면 저렇게 망령된 행동까지 하겠는가 싶었다.

황급히 방으로 돌아온 이황은 생각했다. '이제 갓 스무 살을 넘긴 며느리가 저런 모습으로 구만리 같은 삶을 희생하며 살아가게 하는 것이 옳은 일인가? 수절해야 한다는 윤리는 무엇 때문에 필요한가? 여자라고 해서 수절하는 것이 꼭 옳은 일인가?'

이황은 며느리가 새 삶을 살 수 있도록 떠나보내기로 했다. 며칠 후 이황은 사돈을 만나 며느리를 친정으로 데려가도록 했다. 사돈이 양반 법도와 체면을 내세우며 반대했지만, 이황은 생각을 바꾸지 않았다. 그렇게 며느리는 친정을 돌아갔고, 별 소식 없이 수 년이 흘러갔다.

어느 해인가 이황이 한양으로 올라가다가 날이 저물어 산골의 한 농가에서 하룻밤 신세를 지게 되었다. 그런데 저녁상을 받아보니, 신기하게도 음식 하나하나가 모두 그가 좋아하는 것으로 차려져 있었다. 간도 입맛에 딱 맞아 아주 맛있게 먹었다.

이황은 생각했다. '이 집 주인도 나와 입맛이 비슷한가 보다'

이튿날 아침상도 마찬가지였다. 반찬의 종류가 전날 저녁과 달랐지만 여전히 입맛에 딱 맞는 음식들이었다.

그리고 아침을 먹고 떠나가려는데 집주인이 버선 두 켤레를 가지고 와서 한양 가는 길에 신으라며 건네주었다. 고맙게 받아 신어보니 발에 꼭 맞았다.

'아! 며느리가 개가를 해 이 집에 사는구나' 이런 확신이 이황의 머리를 스쳤다. 만나 확인하고 싶은 마음도 있었지만, 짐작만 하며 대문을 나서 한참 가다가 뒤를 돌아보니 한 아낙네가 담 모퉁이에 몸을 숨기고 자신을 지켜보고 있었다. _____

이 내용은 전하는 이야기로, 사실은 아닐 것이다. 그러나 이 이야기의 진위 여부와 관계없이 이황이 둘째 며느리의 개가를 허락한 것은 사실이다. 이황이 1554년 2월에 맏아들 이준에게 보낸 편지 내용을 통해 알 수 있다.

의령에 통지할 일은 너는 모름지기 짐작해 속히 저 어머니(둘째 며느리의 어머니)에게 통보해 실본失本(개가)하게 하라. 나머지는 말하지 않는다.

이런 사실을 토대로 이황의 인품을 드러내기 위해 탄생한 이야기일 것이다. 이황의 인품은 그의 첫째 며느리도 진심으로 시아버지를 존경하게 만들었다. 첫째 며느리는 이황이 별세한 후 2개월 뒤에 사망했는데, 유언으로 자신의 묘를 시아버지 묘의 아래에 써 달라고 했다. 유언에 따라 첫째 며느리의 시신은 퇴계의 묘 아래 50m 지점에 안장됐다.

03 | 어리석은 덕분에

이산해 _____ 황보리黃保里에 성姓은 안安이고 이름은 선원善元, 자는 원길元吉인 사람이 살고 있었는데, 향교鄕校에 예속되어 있고 나이는 동렬同列들보다 많았으므로 고을 사람들이 그를 당장堂長이라 불렀다.

그는 사람됨이 감정을 드러내거나 모나게 구는 법이 없어 고을 사람들과 어울릴 때면 나이와 신분을 막론하고 깍듯이 예를 갖추고 차별을 두지 않았으며, 사람들의 모멸을 받으면 그럴수록 더욱 공손하였다. 심지어 고을의 젊은 사람들이 그를 만나면 욕을 하고 주먹질을 하고 발길질을 해대도 나쁜 말이 그의 입에서 나오지 않았으니, 천성이 그러했던 것이다.

그의 집에는 아내와 자녀, 아내의 홀로 된 어미가 있었고, 부릴 수 있는 하인이라곤 여종 한 사람 뿐이었는데 그나마 이가 빠진 할멈이었다. 논과 밭이 있다고는 하지만 기껏해야 모두 10여 이랑을 넘지 않아, 오직 자기 힘으로 농사를 지어 먹고 살 뿐 달리 생계에 보탬이 될 것은 없었다. 매양 농번기가 되어 아내와 자식들이 여종을 앞세우고 나서면, 그는 호미나 낫, 삼태기, 삽 따위를 들고서 뒤 따라 가서 일하다가 날이 다 저물어서야 돌아왔다.

천성이 시를 좋아했지만 이웃에서 그가 시를 읊는 소리를 들은 적이 없었다. 하루는 계조암繼祖菴에 놀러 갔다가 꽃과 달빛이 온 산에 가득하자, 끙끙대며 읊조린 끝에 시구를 지어, '꽃이 산 앞에서 웃으매 소리 들리지 않고 새가 숲 아래 우니 눈물 흘림을 보겠네花笑山前聲未聽 鳥啼林下淚生看'라 하니, 듣는 이들이 배를 잡고 웃었다.

그는 또 술을 좋아하나 늘 마실 형편은 못 되었고, 취하면 몸을 가누지 못하지만 그렇다고 다른 사람에게 피해를 주지는 않았다.

이 동네는 다투기를 좋아하였다. 한번은 온 동네의 안씨安氏들이 모두 뭉쳐서, 방만을 떨던 서얼庶孼 소생 이씨李氏 한 사람을 성토한 적이 있었는데, 그가 홀로 이 일에 동참하지 않으니 온 마을 사람들이 겁쟁이라고 비웃었다.

그러나 이 일이 있은 뒤 그 이씨가 곤장을 맞아 목숨을 잃을 지경이 되자 안씨들이 죄에 연루될까 두려워하여 마치 자기가 당한 일처럼 가슴 아픈 척하며 끊임없이 이씨에게 문안을 가니, 그의 장모가 탄식하기를 '근심할 게 없는 이는 우리 사위로구나. 내 딸이 우러러 보며 평생을 의지할 배필로 이만하면 되었다'했다.

집안에 물건이라고는 병풍 한 벌이 있었는데 이것을 가지고 가서 군수를 알현하였다. 군수가 그를 앞으로 오게 하고 술을 대접하면서 묻기를 "이 병풍 끝에 '안원길에게 준다贈安元吉'라 씌어 있는 것은 자네를 가리킨 것이 아닌가?"했다.

그러자 곁에 있던 장씨張氏 성을 가진 좌수座首가 눈을 부릅뜨고 꾸짖기를 "네게도 자字가 있느냐. 이름도 욕된 주제에, 네가 무슨 자를 다 쓴단 말인가?"하자, 아전들이 모두 곁눈질을 하며 몰래 웃었다.

그러나 그는 도리어 난감해 하는 기색이 없이 물러나 말하기를 "다른 사람이 장씨보다 더 추한 말을 할지라도 내 어찌 감히 노하리오. 설령 남이 내 얼굴에 침을 뱉는다 하더라도 마르면 그만이요, 내 귀에 오줌을 눈다 하더라도 씻으면 그만일 것이며, 내 앞에 볼기짝이나 신근腎根을 드러낸다 하더라도 그냥 똑바로 바라보면 그만일 것이다."하고는, 또 말했다.

"내가 세상에 산 지 반백년이 넘었는데 비록 영화는 누리지 못할지라도 몸에 횡액을 당하지는 않았으니 다행이다. 병란兵亂이 일어난 이래로 우리 마을 사람들을 거의 집집마다 징발하여 힘이 강한 자는 관군으로 부리고 몸이 튼튼한 자는 변방에 수자리를 세워, 그렇게 가서 돌아오지 않는 이가 줄을 이었다. 그러나 유독 나는 어리석은 덕분에 그런 사람들 틈에 끼이지 않아 이 집에서 미음을 먹고 죽을 먹으면서 지금까지 편안히 살아오고 있으니, 밖에서 오는 비웃음이나 모멸 따위야 내가 조금이라도 개의할 것이 있겠는가."

내가 평해에 와서 살면서 마침 그와 이웃이었던 터라 그 외모와 행동을 관찰하였는데, 멍청하고 어눌하여 말을 제대로 입 밖에 내지 못할 정도였으나 그 내면을 살펴보면 외모처럼 그렇게 몹시 어리석지는 않았다.

어쩌면 그의 다툼도 성냄도 없는 마음이야말로 애써 수양을 쌓은 결과로 화평하고 태연하여, 흡사 어떠한 경지에 도달한 듯한 것이 아닐까 싶다. 아, 보신保身의 도를 얻은 이라 할 것이며, 능히 남과 다툼이 없는 이라 할 것이니, 옛날의 마복파馬伏波(후한 때의 명장인 복파장군伏波將軍 마원馬援을 가리킴)와 루사덕婁師德(당나라 때의 재상) 같은 이들도 반드시 그에게 자리를 양보하고, 그 자손이 본받아야 할 법으로 삼을 것이다.

세상에 분노를 참지 못하는 자들은 혹 한 마디 말과 한 가지 일을 이유로 마을에서 다투고 관가에 알려서 옥사를 일으키고 형벌에 걸리면서도 뉘우치지 않으니, 이 안당장과 비교해 본다면 그 우열이 어떠하겠는가.

나는 이로써 그의 외모와 재주는 모두 보통사람보다도 못한 것 같지만, 자신을 지키는 계책의 주도면밀함으로 말하자면 향리에서 자중자애自重自愛하며 근신한 사람도 미치기 어려울 정도임을 알겠다.

그의 집은 시내 북쪽 야트막한 산기슭에 있는데, 썩은 나무로 기둥을 받치고 울도 담도 둘러치지 않았다. 그는 비가 오면 패랭이를 쓰고 볕이 나면 칠포립漆布笠(옷 칠을 한 베로 만든 삿갓)을 쓰며, 시든 뽕잎 빛의 누런 옷을 입고 오석烏石 빛의 가는 갓끈을 드리웠는데, 체구는 여위고 키가 크며 검은 얼굴에 희미한 점이 있고 한두 가닥 듬성한 수염이 누렇다. 그가 사는 곳에는 한 해가 지나도 아무도 찾아오는 사람이 없고, 그 또한 좀처럼 남의 집에 발길을 들여 놓지 않는다.

내가 그의 자취가 이대로 사라질까 염려하여 이렇게 전傳을 짓는다.

———

아계鵝溪 이산해(1539~1609)가 귀양지인, 지금의 울진군 기성면 황보리란 마을에 살면서 안선원安善元이란 사람을 보고 쓴 글 '안당장전安堂長傳'이다. 『아계유고鵝溪遺稿』에 나온다.

안선원은 향교에 예속되어 있었던 것으로 보아 향교의 천역賤役을 맡아 보았던 듯하다. 그가 끙끙거리며 기껏 읊었다는 '꽃이 산 앞에서 웃으매 소리 들리지 않고 새가 숲 아래 우니 눈물 흘림을 보겠네花笑山前聲未聽 鳥啼林下淚生看'라는 시구는 아동들이 한시를 배울 때 읽는 입문서인 '백련초해百聯抄解'의 첫째 구절인 '꽃은 난간 앞에서 웃어도 소리

는 들리지 않고, 새는 숲 아래서 울어도 눈물은 보기 어렵네花笑檻前聲
未聽 鳥啼林下淚難看'에서 한두 자만 어색하게 바꾼 것이다. 그래서 사람
들이 웃었던 것이다.

그가 자신을 지키며 살아간 지혜는 순박하고 넉넉한 그 천성에서
절로 나온 것이었을 것이다. 사람들은 그를 멍청하고 어눌하여 다툴
줄도 성낼 줄도 모르는 바보로 보았지만, 이산해는 선비들이 추구했
던 덕 높은 사람의 경지로 보았던 것이다.

이산해는 북인의 영수로 영의정까지 지낸 인물이다. 6세 때 글씨를
잘 써서 신동이라는 말을 들었고, 서화에 능하여 대자大字와 산수 그
림에 뛰어났다. 선조 때 '문장8가文章八家'에 속했다.

너와 내가 따로 없다 | 04

이익 _____ 맹자가 '만물이 모두 내 안에 갖춰져 있다' 하였으니, 이는 인仁의 본체가 지극히 큼을 비유한 말이다. 무릇 천지간에 사해四海와 팔황八荒, 금수와 초목 등이 다 물物인데 인자仁者는 이 모두를 똑같이 보아서 자신에 속하는 것으로 여긴다.

그러므로 세상의 모든 사람이 다 나의 백성이고, 모든 이민족들이 다 나의 민족이며, 모든 금수와 초목들도 다 나의 금수와 초목인 것이다. 나我란 물物에 상대되는 개념이니 비록 피차의 구별은 있을지라도, 내가 저 만물을 모두 포괄할 수 있고 만물 각각에 맞게 처리할 방도가 있으니, 만물이 모두 나의 마음속에 갖춰져 있어 조금도 부족한 바가 없는 것이다.

내가 만물을 접할 때 처리하는 방도가 극진하지 못하면 내 스스로 무언가 미흡하여 허전하게 느껴질 터이지만, 나 자신을 돌이켜 보아 부족한 바가 없다면 그 즐거움이 어떠하겠는가. 그러므로 '서恕를 힘써 실행하면 인仁을 구함이 이보다 더 가까울 수 없다' 하였으니, 이 인을 구해서 인을 얻는 것이 이른바 '자신을 돌이켜보아 진실하면 즐겁다'는 것이다.

『예기禮記』에 '성인은 사해를 한 집으로 삼고 중국을 한 몸으로 삼는다' 하였는데 이는 그래도 조금 부족한 점이 있다. 맹자는 여기서 개념을 넓혀서 만물을 자신에게 소속시키는 데 이르렀으니, 더할 나위 없다 하겠다.

성호 이익의 '만물이 내 안에 갖춰져 있다萬物備我'는 글이다. 『성호사설』에 나온다.

맹자가 '만물이 모두 나에게 갖추어져 있으니, 자신을 돌이켜보아 진실하면 즐거움이 이보다 더 클 수 없고 서恕를 힘써서 행하면 인仁을 구함이 이보다 가까울 수 없다萬物皆備於我矣 反身而誠 樂莫大焉 强恕而行 求仁莫近焉'라고 한 말을 성호 이익이 설명하고 있다.

맹자의 이 말을 풀이하여 주자는 '만물의 이치가 나 자신 안에 갖추어져 있으니, 나 자신이 진실하면 마음이 참으로 즐겁고, 남을 나와 같이 생각하면 사사로운 생각이 일어날 수 없어 인仁의 상태가 된다' 하였다.

이익은 위 맹자의 말을 인仁의 개념을 가지고 해석하였다. 인자仁者는 천지 만물을 모두 똑같이 보아서 자신에 속하는 것으로 여긴다. 그러므로 세상 사람은 모두 나의 사람이고, 나아가서 짐승이나 초목들까지도 모두 나의 짐승, 나의 초목으로서 모두 내 안에 포괄되는 것이다.

나와 사물이 분리되면, 그 사이에 갈등이 일어난다. 이 갈등은 서恕를 통해 해소된다. 주자는 '서'의 개념을 '추기급인推己及人'이라 하였다. 자기의 입장을 미루어서 남을 헤아려 주는 것이다. 자신의 마음이 사물과 접하여 하나가 되는 것이 서이니, 서가 제대로 되지 못하면 사물과 나 사이가 벌어지게 된다. 또한 서가 빠진 인仁은 공허한 관념에 그친다.

경당 장흥효도 다음과 같이 말했다.

　자기라 주장하는 나가 없으면, 피아를 분별하는 생각만 일으키지 않
는다면, 만물을 다 담아도 늘 고요하고 즐겁다.

05 | 좋지 않은 사람,
좋지 않은 산수는 없다

윤기 _____ 천하에 좋지 않은 사람은 없고, 좋지 않은 책은 없으며, 좋지 않은 산수는 없습니다. 사람이 취하는 방법이 어떠한가가 문제일 뿐입니다. 좋은 사람이 없다는 '무호인無好人'이라는 세 글자는 정말 학식이 있는 사람의 말이 아닙니다. 좋은 책이나 좋은 산수가 없다고 말하는 사람 역시 이와 무엇이 다르겠습니까? 아, 천하 후세 사람을 그릇되게 하는 것이 반드시 이 말이 아님이 없을 것입니다. 그 근본을 소급하여 따져보겠습니다.

사람이 하늘로부터 품부 받았으니 이 성품은 본디 선한 법인지라, 그 사이에 애초에 좋은 것과 좋지 않은 것이 따로 있었던 적이 있었겠습니까? 오직 그 기질에 구애되고 물욕에 의하여 가려진 것인데, 그 말단을 살펴보면 어쩌다 가지런하지 못한 점도 있지만, 그 실질은 모두 좋은 사람입니다.

글자가 만들어진 이래 이러한 책이 있었습니다. 삼분三墳과 오전伍典, 팔색八索과 구구九丘에서부터 염락관민濂洛關閩의 책에 이르기까지. 어떤 책은 의리의 영역에 대하여 거듭하여 따졌고, 어떤 책은 치평治平의 계획을 논하기도 하였는데, 어떤 책이든 좋지 않은 것은 없습니다. 수천 년 동안에 오직 사람에게 문제가 있었을 뿐입니다. 이 때문에 왕왕 좋은 책과 배치되는 것이 존재하였던 것입니다.

산수에 있어서도 그러하니, 온 천지 사이를 가득 채우고 있는 것이 모두 산과 물입니다. 두텁고 무거워서 옮길 수 없으니 나는 그것이 산인 줄 알고, 두루 흘러 막힘이 없으니 나는 그것이 물인 줄 압니다.

비록 어쩌다 기상氣象과 경계境界가 같지 않음이 있기는 하지만, 요컨대 모두가 좋은 산수인 것입니다. 이 때문에 성인은 산을 즐기고 물을 즐긴다는 가르침이 있었지만, 그렇다고 산과 물에 좋다는 '호好'자를 붙인 적이 없었으니, 그 즐길 만한 모습을 즐긴 것일 뿐입니다.

이를 가지고 본다면 사람이 절로 좋은데도 알아보지 못할 때가 많고, 책이 절로 좋은데도 읽지 않을 때가 많으며, 산수가 절로 좋은데도 보지 못할 때가 많습니다.

정말 좋은 사람을 알고 좋은 책을 읽고 좋은 산수를 보는 데 뜻을 둔다면, 우리 눈앞에 있는 사람이나 책상 위의 책, 그리고 눈과 발이 미치는 산수는 모두 이른바 좋다고 말할 만한 것이 아님이 없을 것입니다. 어찌 꼭 특별한 사람을 알아야 하고 특별한 책을 읽어야 하며 특별한 산수를 본 다음에야 비로소 평소의 소원을 통쾌하게 달성했다고 할 수 있겠습니까?

다시 더 따져보겠습니다. 좋다는 '호好' 한 글자를 붙여놓고도 마음은 이미 절로 좋아하지 않으면, 어찌 진짜 좋은 것을 얻을 수 있겠습니까?

좋은 사람과 좋은 책과 좋은 산수라는 말을 붙인다면, 그 마음에 범상한 말과 범상한 행동을 하는 사람이나 온 천하가 함께 읽는 책, 그리고 사람들이 쉽게 볼 수 있는 산수는 팽개치겠다고 하는 것이요, 구하고자 하는 바는 기괴한 인물이나 괴벽한 문장, 세속과 단절된 빼어난 땅일 것입니다.

이는 비록 죽을 때까지 분주하게 다니면서 몸과 마음을 다하더라도 끝내 과보夸父(해를 쫓아가다 목이 말라 죽은 인물로, '열자'에 나온다)가 해를 따라 가려 한 우려를 면할 수 없을 것입니다. 비록 그런 좋은 것을 얻는다 하더라도 그 또한 내가 이른바 좋다고 하는 것은 아닐 것이니, 어찌 귀하게 여길 만하겠습니까?

저는 예전에 좋은 사람을 다 알고, 좋은 책을 다 읽고, 좋은 산수를 다 본 사람은 우리 주자朱子 선생뿐이라고 생각했습니다. 왜냐하면, 알고 지낸 사람으로는 장식張栻과 여조겸呂祖謙, 채원정蔡元定, 황간黃榦 등이었고, 읽은 글은 시골 선비들과 함께 글자를 짚어가며 읽은 남아있는 단 몇 권의 책이었으며, 본 것은 봄날 한 번 오른 무이구곡武夷九曲이었기 때문입니다. 이 외에 다시 무엇을 구하였겠습니까?

비록 그렇지만 군자가 원하는 바는 정말 기이함이 지나쳐서는 아니 되며, 또 반드시 진짜 좋은 것을 기다린 다음에야 바야흐로 그 원할 만한 것을 얻을 수 있는 법입니다.

만일 어쩌다 사람을 알게 되었는데 속물로서 흥을 깨었다는 탄식이 나오게 하고, 글을 읽었는데 비루해서 혐오스럽다는 말이 있게 하며, 유람하며 완상을 하였는데 여산廬山의 진면목을 보지도 못하고 돌아가는 신세를 면하지 못했다고 한다면, 이는 또한 안 적도 없고, 읽은 적도 없고, 본 적도 없어 도리어 아무런 폐단이 없는 것만 같지 못하다고 하겠습니다. 어찌 한 가지로 논단해버릴 수 있겠습니까?

저는 이러한 이야기를 기록하되, 책을 읽고 산수를 본 좋은 사람을 우리 시대에 한 번 만나 고상하게 토론을 하고 싶습니다. 지금 집사執事께서는 이 문제를 들어 질문을 하셨으니, 집사께서 바로 그러한 사람입니까? 그렇다면 저의 소원을 이룰 수 있을 것입니다. _____

김정희 작 「고사소요(高士逍遙)」, 조선시대

무명자無名子 윤기(1741~1826)의 '좋은 사람 좋은 책 좋은 산수好人好書好山水'라는 글이다. 『무명자집문고無名子集文稿』에 나온다.

조선 말기의 문인 윤기는 글을 잘 지어 1791년 유생을 대상으로 한 제술 시험에서 1등을 한 바 있다. 그의 문집에는 스스로 과거시험 문제를 내고 답안 글을 지은 것을 모은 부분이 있다.

'좋은 사람 좋은 책 좋은 산수'라는 글은 그 중 한 편이다. 시험 문제의 연원은 송宋의 조사서趙師恕라는 사람의 고사에 있다. 조사서는 평소 세상의 좋은 사람을 모두 알고, 세상의 좋은 책을 모두 읽고, 세상의 좋은 산수를 모두 보는 것이 평생의 소원이라 하였다.

시험 문제는 좋은 사람이 어떤 사람이고, 좋은 책이 어떤 책이며, 좋은 산수가 어떤 산수인가를 답하라는 것이다.

이에 대하여 윤기는 좋은 사람이나 좋은 책, 좋은 산수가 따로 있는 것이 아니라 그것을 진정으로 받아들일 마음의 자세가 되어 있지 않는 것이 문제라고 말하고 있다. 진리는 평범한 데 있으니 범상한 언행을 하는 사람, 온 천하가 다 읽는 책, 늘 가까이 하는 산수를 진정으로 사랑하면, 모든 사람과 책과 산수가 다 좋은 것이 될 수 있다는 것이다.

2장

죽음의 도
죽음을 어떻게 맞은 것인가

선비들의 $\left.\begin{array}{l}\end{array}\right]$ 01
임종 모습을 보니

행복한 삶의 마무리는 복된 죽음이다. 평생 성현의 가르침을 따르며 도를 추구한 선비들의 임종 모습은 어땠을까? 그들이 죽음을 맞는 자세는 어떠했을까?

고종일기考終日記를 통해서 그 일단을 엿볼 수 있다. 고종일기는 죽음을 맞는 자의 생각과 태도, 주위 환경 등을 구체적이고 사실적으로 기록하고 있기 때문이다. 고종일기는 고종기考終記, 불망록不忘錄, 불망기不忘記 등 다양한 명칭으로 불린다. 현존하는 고종일기류 자료는 그리 많지 않다.

고종일기의 기록자는 대부분 주인공의 제자들이다. 사제간의 관계에서 죽음을 맞는 스승의 일상을 기록한 경우가 일반적으로, 제자들이 직접 스승을 곁에서 돌보며 죽음을 맞는 스승의 태도나 일상, 후학들에게 남기는 가르침 등을 상세하게 기록한 것이다. 혈연 문화이기보다는 학연 문화의 소산이라고 할 수 있다.

고종일기의 내용은 우선 고종자의 병세와 문병자를 구체적으로 기록하고 있다. 병세의 진행과정, 약의 처방 내용, 문병자의 명단과 그들과의 대화 내용 등을 담고 있다. 그리고 후학과 후손들에게 남기는 유훈, 고종자가 죽음을 받아들이는 태도와 인식을 기록하고 있다. 또한 고종자의 사후에 행해지는 각종 장례에 관한 일도 기록했다.

대표적 고종일기라 할 수 있는 대산 이상정의 고종일기를 비롯해 몇 몇 고종일기를 통해 선비들이 죽음을 맞는 모습을 살펴본다.

일상日常에 묘한 진리가
있으니 | 02

이상정 ___

대산大山 이상정(1711~1781)의 임종 모습을 기록한 『고종일기考終日記』
중 일부다. 대산의 제자인 김종섭과 류범휴가 기록한 것이다. 안동 출
신의 문신이자 대표적 성리학자인 이상정은 '소퇴계小退溪'로 불린 정도
로 대학자이자 진정한 선비였다. 진정한 학문수행에 천착함으로써 성
리학을 꽃피우고 기라성 같은 제자들을 길러낸 거유巨儒로 '퇴계 이후
제일'이라는 평가를 받고 있다.

1781년 12월 8일

선생이 옆에서 시중을 드는 아이에게 "내가 잠을 자고 싶구나"라고
말씀하셨다. 그래서 미음을 가져오게 한 뒤, 몸을 일으켜 앉아서 조금
드셨다. 다시 물을 가져 오게 하였다. 양치를 하고 수염을 씻은 후에 자
리를 바르게 하고 누웠다. 류범휴가 들어가서 병세를 살펴보고 탄식하
며 말했다.

선생의 병세가 점점 위독하여 기력을 회복할 여지가 없으니 아주 어려운 지경입니다. 하지만 선생의 마음은 안정되고 기운은 편안하며, 몸은 바르고 얼굴빛은 부드러웠습니다. 천리에 맡기고 모든 것을 받아들여 자신에게 닥친 질병의 고통을 알지 못하는 듯했습니다. 평소에 수양하신 그 힘이 크다는 것을 볼 수 있습니다.

밤에 선생의 소숙小叔(작은 삼촌) 이종화가 나와서 김종덕에게 말했다.

오늘 낮에 부축해서 미음을 드렸는데, 몸을 가누고 이불을 바르게 하시는 것이 조용하고 온화하여 마치 평소와 같았습니다. 공부란 것이 어떠한 것이기에 사람을 이와 같이 하는지 모르겠습니다.

이것은 별세하기 바로 전날 밤의 기록이다. 다음날(12월 9일) 아침에 이 세상을 하직하게 된다. 별세하는 순간의 기록이다.

12월 9일

숨이 끊어질 듯하고 말씀도 분명하지 않았다. 선생께서 평소에 주무실 때 반드시 몸을 옆으로 기울여 누우시고 손발을 가지런히 하셨다. 병이 들고 나서 병이 깊어질 때까지 바뀌지 않으셨다. 이날 매조昧朝(날이 새려고 하는 이른 아침)에 선생께서 조금씩 몸을 돌려 거의 바른 자세로 누웠다. 그러나 하체는 옆으로 하고 있었다. 모시는 아이가 부축해 다리를 바로 했다. 정신은 분명하고 밖의 기상은 온화했다. 얼마 후 편안하게 잠자듯이 눈을 감았다.

고종일기는 별세 50여일 전부터 시작된다. 며칠의 기록을 더 소개한다.

12월 7일

환후가 점점 심해졌다. 소산공小山公(대산의 동생인 소산 이광정)이 물었다. "어제 문하 제자들이 뵙고자 하던데, 하실 말씀이 있습니까?" 선생께서 말씀하셨다. "평소에 따르던 뜻을 가지고 착실하게 공부에 힘쓰도록 하라고 말하고 싶구나." 또 병환이 위중하시니 한 말씀 듣고자 한다고 하니 선생께서는 "부디 그대는 분수에 따라 후학들을 힘써 가르치도록 하라."고 하셨다.

또 사정師靖(대산의 재종제)을 들어오게 한 뒤 그에게는 "그대는 모름지기 자질子姪들을 잘 가르치고 이끌어 본분에 따르게 해 유가儒家의 기상을 잃지 않게 해야 될 것이다."라고 하셨다. 아침에 선생께서 자신에게 옷을 입히고 띠를 두르게 한 뒤 제자들을 부르셨다. 제자들이 모두 들어와 엎드렸다.

소산공이 말했다. "조금 전에 하려던 말씀을 이 아우가 대신 하겠습니다." 이에 선생께서는 눈을 뜨시고 "내가 하려던 말은 일상적인 것에 특별히 신기함이 없더라도 그 일상적인 것 속에 오묘한 점이 있다는 것이다."라고 하셨다.

김종덕이 "저희들이 비록 민첩하지 못하나 가슴에 새기고 잊지 않겠습니다."라고 한 뒤 모두 물러났다. 오후에 류장원과 김종덕이 다시 들어가 뵈었다. 선생께서는 "고생하면서 오랫동안 머물고 있으니 병이 날까 염려스럽네. 또한 어버이를 모시고 있으면서 오랫동안 바깥에 있으니 더욱 미안하네. 부디 모두 그만두고 돌아가시게."라고 하셨다.

12월 1일

선생께서 웃으면서 의원에게 말씀하셨다. "죽고 사는 것은 천명에 달렸네. 나는 편안한 마음으로 순순히 받아들이려고 하는데 억지로 약을 올리는구나. 한나라 고조 같았으면 욕하고 먹지 않았을 것이다."

옆에서 모시는 이들이 미음을 드시라고 청하니 "나의 병은 이미 어떻게 할 수가 없다. 그러나 나에게 있는 도리를 다하고자, 약을 먹고 밥을 먹는 것이 번거롭더라도 사양하지 않았다. 그런데 너희들은 오히려 부족하다고 하는구나."라고 하셨다.

아들 완에게 "내가 스스로 정력을 시험해보고 싶다."고 하시고는 평소 익혔던 글귀를 조용히 외우기도 하고, 평소에 지었던 글을 점검하기도 하며, 아직 짓지 않은 것을 헤아려 보기도 하셨는데 평소와 다름이 없었다.

11월 27일

이종수와 김종덕이 와서 문안했다. 선생께서 "마음으로는 뜻이 맞는 친구를 불러 보고 싶었으나 날씨가 이렇게 추워서 그렇게 하지 못했네."라고 말씀하셨다.

증세가 더 심해진 뒤로 협실에 변기를 마련해 두었다. 변을 보실 때는 사람을 물리치고 혼자 있었다. 25일이 되어서는 협실을 혼자 힘으로 갈 수 없었기 때문에 변기를 침실로 옮겼다. 선생께서는 "서가에 가득한 책은 모두 성현이 남긴 가르침인데 어찌 더럽혀서 모독하겠는가?"라고 하시고는 베로 만든 휘장으로 가리게 했다.

재종제 택정宅靖과 아들 우가 모시고 앉았다. 선생께서 "내 병이 날로 심해지는구나. 그러나 죽고 사는 것은 천명이니 순하게 받아들이려고 한다."고 말씀하셨다. 그리고 서당에 기거하는 사람들의 재주와 성품이 민첩한지 둔한지, 공부는 부지런한지 게으른지 물으셨다.

03 | 사약 세 보시기를 다 마시고

송시열 _____

우암尤庵 송시열(1607~1689)이 유배지에서 사약을 받아 마시고 임종한 날(1689년 6월 8일)의 기록 일부다. 기호학파의 학통을 계승한 우암은 강직한 성품의 소유자로 북벌론의 중심인물이었다.

초8일 계유 맑음

서리書吏가 선생께 고해 말했다. "임금께서 약을 내리셨습니다. 그래서 마침내 약을 가지고 왔습니다." 처음에는 선생께서 듣지 못했다. 이후진이 서리에게 "대감의 병환이 위중하여 들을 수가 없으니 가까이 다가가서 크게 말씀하셔야 합니다."라고 말했다.

서리가 조금 앞으로 다가가 귀에 대고 다시 고하니, 선생께서 곧바로 몸을 움직여 일어나 앉아 상의를 가져오게 했다. 몸을 약간 기대 눈을 감고 계셨다.

공생貢生이 밖에서 직령의直領衣를 찾아 가져다 고하고 드리니, 선생께서 팔을 들면서 입히라고 명하였다. 이후진이 고하여 말하기를 "이제 기력이 옷 입을 힘조차 없습니다."라고 했다. 선생이 옷자락을 잡아 가슴 위에 올려놓았다. 후진이 뜻을 이해하고 옷을 펴서 몸에 얹었다. … 도사가 교생校生에게 전지傳旨를 읽게 했다. 선생이 옷으로 무릎을 가리고 눈을 감고 앉으셔서 마치 몸을 구부리려는 듯했다. 5,6행 정도 읽었을 때 선생이 갑자기 눈을 뜨고 귀를 기울여 듣는 듯했다. 얼마 동안 이와 같이 하셨다. 서리가 전지를 보고 손으로 가리키며 교생에게 몇 행을 생략하고 빨리 읽게 했다. 다 읽은 후에 선생이 다시 손으로 옷자락을 당기면서 잠시 몸을 굽혔다.

의관이 약 세 보시기를 가지고 와서 드리니 선생이 다 마셨다. 곧바로 모시고 방안으로 들어가서 다시 이후진의 몸에 기대고 눈을 감고 누웠다. 얼굴에는 취한 듯 훈기가 있었다. 이후진이 서리에게 베개에 누이기를 청하니 도사가 허락했다. 이후진이 곧바로 머리를 들고 베개에 모시니 선생이 입을 벌리고 숨을 세 번 내쉬더니 돌아가셨다. 심의관이 들어와 진찰하며 사망을 확인했다.

04 | 생사의 갈림길에서도
정성이 극진해야 한다

장흥효 _____

경당敬堂 장흥효(1564~1633)의 고종기考終記다. 1633년 2월에 번곡樊谷 권창업이 기록한 것이다. 학봉 김성일과 서애 류성룡에게 학문을 배우고 연마한 경당은 평생 벼슬을 하지 않고 군자의 학문을 하는데 전념한 선비다.

2월 2일

가서 선생을 배알했다. 병세가 더욱 위중해져 피곤하게 자리에 누워 지내는데도 정신을 조금도 어지럽지 않았다. 나에게 가르쳐 말하시기를 "나의 병이 이와 같다. 그러나 이처럼 생사의 갈림길에서도 그 정성을 극진히 해야 한다."하셨다.

2월 4일

선생의 병세가 여전히 나아지지 않는다. 선생께서 나에게 "일원소장도

一元消長圖(천문학 원리를 담은, 경당의 대표적 연구 업적)는 병이 나아지기를 기다려 완성할 것이다."라고 말씀하셨다. 좌중에 무당을 불러 기도하자고 말하는 자가 있었는데, 선생이 그 소리를 듣더니 사람을 시켜 그 사람의 입을 막게 했다. 또 행실이 바르지 못한 사람이 있었는데, 이날 저녁에 알현하러 오자, 손을 휘둘러 물리치며 말씀하기를 "찾아오지 못하게 하라."고 하셨다.

2월 5일
선생의 병세가 위중하였다. 나에게 말씀하기를 "경계하고 경계하라. 오직 여색이 어려우니라."라고 하셨다.

2월 6일
이환李煥씨가 와서 "약을 복용하지 않을 수 없습니다."라고 말했다. 다시 소요산逍遙散을 올렸는데 열이 잠시 내렸다가 오후에 또 크게 일어났다.

2월 7일
아침이 지난 뒤 이환씨가 다시 와서 뵙기를 청했다. 그때 마침 선생께 죽을 올리려던 참이라, 부인이 "죽을 드신 뒤에 뵈는 것이 어떻겠습니까?"라고 했는데, 굳이 지금 뵈어야 한다고 했다. 그러자 선생께서 노하며 꾸짖고 말씀하기를 "사람을 대하는 도리가 이와 같으면 안 된다."라고 하셨으나 곧 이환 씨를 만나보았다.

성현들의 마음수행법
퇴계 이황의 「고경중마방」

'마음 거울'도 보자

사람들은 매일 거울을 본다. 다른 사람들에게 보이는 얼굴 모습 등 외양外樣을 매만지기 위해서다. 그런데 마음 모습을 비춰주는 '마음 거울'도 매일 보면 더 좋으련만, 그렇게는 잘 하지 않는다. 외양 못지않게 남에게 풍기는 사람의 향기는 세상을 살맛나게 하는데 더 중요한 요소인데도.

옛 사람들은 마음을 수시로 갈고 닦기 위해 무척이나 애를 썼다. 마음 경계하는 글을 거울이나 벽, 세숫대야, 책상 등에 새겨 '마음 거울' 비추기를 잠시도 소홀히 하지 않았다. 일상생활 중에서 묻히게 되는 마음의 때를 부지런히 닦아내기 위해서다.

진실로 날마다 새롭게 하라. 매일매일 새롭게 하여, 나날이 새롭게 하라.

　苟日新 日日新 又日新.

　중국 은나라를 세운 성탕成湯이 세숫대야에 새긴 글이다. 주나라 무왕武王은 거울에다 '그대의 앞은 눈으로 보고, 뒤는 생각으로 살펴라見爾前 見爾後'라고 새겼다.

　너무 게으르지 않은지, 무리한 욕심을 내지 않은지, 윗사람에게 잘 보이려는 생각만 앞서 올바른 시각을 잃고 있지 않은지, 누구를 싫어하는 마음이 여전하지 않은지 자주 돌아보자. 그러면 그런 마음의 때가 조금씩 없어질 것이다. 마음이란 항상 챙기지 않으면 어느 샌가 달아나 버린다. 잠시만 한 눈 팔아도 무슨 장난을 할 지 모르는 개구쟁이와 같다.

　일이 없을 때는 마음이 어두워지기 쉬운 법이니 마땅히 고요하게 하여 밝음으로 비추어야 하고, 일이 있을 때는 마음이 달아나 버리기 쉬우니 마땅히 마음을 밝게 하여 고요함을 주인으로 삼아야 한다.

　채근담의 말이다. 얼굴만 보지 말고, 매일 '마음 거울'도 보자. 마음을 수시로 챙기자. 그러면 변화되는 자신의 모습을 보게 될 것이다. 얼굴은 매일 봐도 그 얼굴이다. 갈수록 늙어가는 모습에 오히려 마음이 편하지 않을 수 있다. 하지만 '마음 거울'을 매일 본다면, 점점 밝아지고 향기로워지는 마음 모습을 보며 즐거워질 것이다. 행복한 삶을 위해 정말로 필요한, 맑고 밝은 마음을 되찾고 유지하는데 우리가 너무 소홀한 것 같다.

퇴계 이황은 여러 성현들이 마음을 닦기 위해 좌우명으로 삼은 글들을 모아 〈고경중마방古鏡重磨方〉이라는 이름으로 엮었다. '옛 거울을 거듭 갈고 닦는 방법'이라는 뜻이다.

옛 거울은 오염되지 않은 본래의 깨끗한 마음을 의미한다. 따라서 마음의 때를 부지런히 닦아내 원래의 맑고 밝은 마음을 되찾고 유지하는 방법을 모은 것이라 하겠다. 퇴계는 이 고경중마방을 엮어 마음공부의 요결로 삼은 것이다.

우리가 행복을 제대로 누리지 못하는 것도 이런저런 탐욕과 망상 등으로 가려진 본래의 밝은 마음을 드러내지 못하기 때문이므로, 마음을 닦아 밝게 하는 것은 곧 행복한 삶과 직결되는 일이다. 이 글들은 '행복요결'이라고 해도 과언이 아닐 것이다.

이 고경중마방의 내용 중 마음에 와 닿는 것들을 소개한다.

오직 마음의 도만 추구하라

사람에 빠지지 마라
사람에게 빠지는 것보다 차라리 연못에 빠지는 것이 낫다. 연못에 빠지면 헤엄이라도 쳐서 나올 수 있지만, 사람에게 빠지면 도저히 빠져나올 길이 없다.

주나라 무왕武王이 세숫대야에 새겨놓은 글이다. 아첨배나 자신과 가까운 사람에게 빠져 판단을 그르치고 일을 망치는 일이 없도록 경계하고 있다. 밝은 마음을 잃으면 이런 누를 범하게 되는 것이다.

좋아하는 일에만 빠지면 도를 잃는다
아! 분한 마음에 얽매이면 위태롭고, 즐기고 좋아하는 일에만 빠지면 도를 잃고, 부귀에 빠지면 서로의 정리情理를 잃는다.

이것은 무왕이 지팡이 위에 새겨놓고 조심한 글귀다. 이 또한 나날이 새로운 마음이라면 별로 걱정하지 않아도 될 일이다.

삼가고 삼가라
삼가고 삼가라. 말을·많이 하지 말고, 일을 많이 도모하지 마라. 말이 많으면 실수가 잦고, 일이 많으면 해로움이 많은 법이다. 편하고 즐거울 때 반드시 경계하라. 그렇지 않으면 후회할 일이 생기게 된다. 해로움은 말하지도 마라. 장차 그 화가 늘어날까 두렵다.

직접 듣지 못한 일은 말하지도 마라. 귀신이 엿보고 있다. 불꽃이 일어날 때 당장 끄지 않으면 불길이 삽시간에 솟아올라 더 이상 어쩔 수가 없는 지경에 이르고 마느니라.

한 방울 물이 새어나올 때 막지 않으면 끝내 강물이 되어 걷잡을 수 없게 되고, 한 올의 실이 이어지면 마침내 그물이 되어 몸을 묶게 되고, 털끝만한 초목이라도 미리 뽑지 않으면 마침내 도끼 자루가 되어 사람을 해치게 되니, 미리 조심하고 경계해야 한다.

사전에 경계하고 조심하는 것이 모든 복의 근본이니라.

입이란 무엇인가. 모든 손상과 재앙이 드나드는 문이다. 고집 세고 힘센 사람은 제 명에 죽지 못하고, 남을 이기기를 좋아하는 사람은 반드시 적수를 만나게 된다. 도둑은 주인을 미워하고, 백성은 그들의 윗사람을 원망한다.

군자는 천하 위에 군림할 수 없음을 알고 있으므로 스스로를 낮추고, 백성보다 앞설 수 없음을 알아서 스스로 뒤에 선다. 강과 바다는 비록 낮은 곳에 있지만, 스스로 낮기 때문에 백 줄기 개울보다 더 길고 넓게 이어져 가느니라.

천도天道는 비록 사사로이 친하고 멀리함이 없지만, 언제나 선한 사람 편을 든다. 삼가고 삼가야 할 것이다.

중국 주왕조周王朝 종묘 앞의 쇠로 만든 인물상에 새겨놓은 글이다.

명예는 부러워할 것이 못 된다

남의 단점을 말하지 말고 자신의 장점도 말하지 마라. 남에게 베푼 것은 조금도 생각에 남기지 말고, 남으로부터 입은 은혜는 결코 잊지 마라. 세상의 명예는 부러워할 것이 못되니 여기서 벗어나 오직 인仁함을 삶의 바탕으로 삼고, 은자의 마음으로 한 걸음 물러나 조용하게 지내라. 이렇게 하면 어찌 남의 비방과 헐뜯음이 내 몸에 상처를 줄 수 있겠는가?

이름이 실제보다 지나치게 드러나게 하지 말고, 성인이 감추어 둔 마음의 보물을 어리석을 정도로 지켜 가며, 검은 무리 가운데서 검게

물들지 않음을 귀하게 여기고, 비록 겉으로 드러나지는 않지만 마음속에 항상 밝은 광명을 품고 다녀라. 부드럽고 약함이야말로 생명의 특성이니, 노자는 특히 지나치게 강함을 경계했다.

최원崔瑗(77~142)의 좌우명이다. 중국 후한의 문장가이다. 문장이 뛰어났는데, '문선文選'에 채록된 '좌우명座右銘'이 유명하다.

오직 마음의 도만 추구하라

많은 재물과 높은 신분을 부러워하지 말고, 낮은 신분과 빈궁함을 근심하지 말며, 오직 스스로 마음의 도가 어느 정도인지만 묻는다면, 신분의 고하가 어찌 문제가 되겠는가?

남의 비방을 듣고도 근심하거나 두려워하지 않고, 칭찬을 들어도 기뻐하지 않으며, 오직 자신의 행실의 올바름만 추구해간다면 뜬구름 같은 명예의 오르내림이야 어찌 논할 가치가 있겠는가?

오만한 생각으로 남을 업신여기지 말고, 뭇 사람들의 비방에 개의치 말며, 색色으로써 일을 구하지 말고, 오직 스스로 몸을 자중하라. 집을 나서서 길을 떠날 때는 삿된 사람들과 동행하지 말고, 집에 와서는 도리에 맞는 사람들과 이웃해라. 이 가운데 취하고 버릴 것이 있을 뿐이지, 따로 사람을 멀리하고 가까이할 것은 아니다. 바깥 몸가짐을 바르게 닦아서 내면의 심성을 중화中和의 도리에 맞게 하고, 또 내심을 수행해 그 덕의 향기가 바깥 행실에까지 미치게 하여 한 동작 한 동작마다 의義와 인仁이 스며들게 하라.

천릿길도 한 걸음부터 시작되고 높은 산도 한 알의 흙이 쌓여 이룩

되듯이, 인간의 도道도 조그만 것에서부터 시작된다. 도를 행함에는 나날이 스스로 새로워짐을 귀하게 여길 뿐, 감히 남을 규제하는 따위는 결코 마음에 두지 마라.

큰 띠에 이 글을 써 놓고 종신토록 지키며 힘쓰다가, 죽은 뒤에는 이 띠를 후손에게 전해줄 것이다. 만약 나의 후손으로서 이 글에 이긋나는 행동을 하면, 이는 분명 나의 후손이 아니다.

당나라 시인 백거이白居易(772~846)의 좌우명이다. 낙천樂天은 그의 자字다.

쉽고 지혜로운 길

명아주 잎, 콩잎, 삼베 이불 등 거친 음식과 이불이 오히려 달고 따스하며, 인륜 도덕의 가르침이 오히려 즐겁다. 도덕과 정의를 존중하고 구하기가 오히려 쉽고, 이를 지켜 가면 언제나 평안하다.

반면 비단으로 수놓은 옷으로 사치하고, 산해진미로 배불리 먹으며, 권세와 총애를 구하고 명예와 이익을 좇아 눈코 뜰 새 없이 동분서주하는 일은 구하기도 어렵거니와 오히려 스스로를 위험과 재앙의 구렁텅이에 빠뜨리는 일이다.

이같이 어려움을 버리고 쉬움을 취하며, 위험을 멀리하고 평안함을 이루는 것이 소극적이고 어리석은 것 같지만 사실은 지혜로운 일이다. 선비로서 어찌 이 길을 마다하겠는가?

안연은 대광주리와 표주박으로 즐거움을 찾아서 천대 만대 모범적인 스승이 되었고, 주왕紂王은 옥으로 만든 화려한 누대에서 살았지만, 죽어서는 한낱 필부로 전락하고 말았다.

군자는 검소함으로써 덕을 쌓고, 소인은 사치함으로써 몸을 망친다. 그러니 이불이 누추하다 하여 이를 어찌 소홀히 생각할 수 있겠는가?

북송의 문신인 범순인范純仁(1027~1101)의 '사마공司馬公 포금명布衾銘'이다.

예가 아니면 보지도 행하지도 마라

나를 극복하여 본래의 예로 돌아간다는 '극기복례克己復禮'의 조목을 안연이 공자께 여쭈었더니 "예가 아니면 보지도 말고, 예가 아니면 듣지도 말며, 예가 아니면 말하지도 말고, 예가 아니면 행하지도 마라."고 대답하셨다.

이 네 가지는 바깥인 몸의 작용이며, 몸의 작용은 내부인 마음의 작용으로부터 일어난다. 그런데 이같이 바깥으로부터 몸을 통제하는 것은 궁극적으로 내부의 마음을 닦기 위해서다. 안연이 이 말을 받들어 실행했기 때문에 성인의 자리에 오를 수 있었다. 뒤에 성인을 배우는 사람들도 마땅히 이 글을 가슴에 간직해 잊지 말아야 한다. 그래서 경계하는 글을 지어 스스로를 깨우치고자 한다.

첫째, 보는 행동을 경계하는 글視箴

마음은 본래 텅 비어 있어서 사물에 응해도 흔적이 없으나 그것을 조절하는 요령이 있으니, 바로 눈으로 보는 행위가 표준이 된다. 망상

에 사로잡혀 덮이고 엇갈리어 바로 보지 못하면 그 내부의 마음이 요
동하여 제자리에 있지 못하게 되지만, 밖에서 보는 것을 통제해 바로
보면 내부의 마음을 안정시킴으로써 극기복례할 수 있는 것이다.

둘째, 듣는 행동을 경계하는 글聽箴

사람은 원래 천성에 근거한 변함없이 떳떳한 도리가 내재되어 있지
만, 보고 듣고 말하고 느끼고 생각하는 다섯 가지 알음알이에 이끌리
어 물질세계에 덮여 버리고, 마침내 그 바른 도리를 잃고 만다. 그래서
성현께서 분별심을 그쳐서 안정됨을 되찾고 삿됨을 버리고 정성됨을
보존해, 예가 아닌 것은 듣지 말라고 당부한 것이다.

셋째, 말하기를 경계하는 글言箴

사람 내부 마음의 움직임이 말의 원인이 되어 때로는 금지된 것을
발설하기도 한다. 항상 안으로 마음이 고요하고 전일해야 하는데도
그렇지 못해 어긋난 말이 나와, 이것으로 인해 전쟁도 일어나고 길흉
과 영욕이 일어나기도 한다. 헐뜯거나 말이 쉽게 바뀌면 거짓되기 쉽
고, 헐뜯고 번다하게 되면 갈피를 잡을 수 없게 된다. 스스로 갈피를
잡을 수 없게 되면 나 아닌 다른 사람과 화합할 수 없게 되고, 법도에
어긋나는 말을 하게 되면 돌아오는 말도 어긋나게 된다. 그러므로 말
을 경계함을 소홀히 할 수 없는 것이다.

넷째, 행동을 경계하는 글動箴

철인哲人은 심용心用의 기미를 알고 이를 자신의 생각 속에서 정성스

럽게 지키고, 지사志士는 행行에 힘써 직접적인 실행 속에서 이를 지킨다. 천지의 의리대로 따르면 여유가 있고, 사사로운 욕심을 따르면 위태로워지니, 한순간이라도 욕심을 이기고 의리를 지켜야 한다. 삼가 두려워하고 조심해 스스로를 지켜서 원래의 밝은 본성과 일상생활을 동시에 일치시킬 때 비로소 성현의 길로 접어들 수 있다.

북송의 유학자 정이(1033~1107)의 '사물잠四勿箴'이다. 형 정호程顥와 함께 주돈이에게 배웠고, 형과 아울러 '이정자二程子'라 불리었다.

혼자 있을 때 조심하라

외부 탓으로 돌리지 마라

희롱 삼아 하는 말도 자신의 마음속에서 그런 생각이 자리하고 난 후에 우러나오고, 희롱 삼아 하는 행동도 먼저 자신의 마음속의 꾀함이 있고 난 후에 드러난다. 이같이 먼저 자신의 마음속에 그런 생각이 생겨난 후에 온 몸을 통해 밖으로 드러난 것을 두고, 이것은 스스로의 마음이 아니라 자신도 모르게 한 행동이라고 변명하는 것은 밝지 못함이다. 그러고도 남들이 나를 의심하지 않기를 바라는 것은 어리석기 그지없는 일이다.

지나치게 과장된 말은 본심이 아니고, 지나친 행동은 성誠이 아니다. 잘못된 말을 내뱉어서 몸을 미혹에 빠뜨리고도 스스로 도리에 합당하다고 우기는 것은 자신을 속이는 행위이다. 그러고도 남들이 나

신윤복 작 「수하시옥(樹下詩屋)」, 조선시대

를 따르기를 바라는 것은 남을 기만하는 행위이다.

　혹자는 허물이 자신의 마음속에서 우러나온 것인데도 불구하고 자신의 장난 탓이라고 변명하기도 하고, 허물이 스스로의 잘못된 생각에서 비롯된 것인데도 불구하고 자신의 내심은 옳고 성실했다고 변명하면서, 스스로 삼갈 줄 모르고 오히려 모든 허물을 나 아닌 다른 사람 탓으로 돌린다. 이들의 으스대고 오만불손한 태도는 눈뜨고는 볼 수 없는 지경에 이르고도 남음이 있다.

　북송 시대 철학자 장재張載(1020~1077)의 '동명東銘'이다. 동명은 장재가 거처의 동쪽 벽에 걸어두었던 글이다. '서명西銘'도 있다. 장재는 '장횡거張橫渠'로 알려져 있는데, 횡거는 호다.

혼자 있을 때 조심하라

하늘이 인간에게 부여한 것이 무엇인가? 바로 의義와 인仁이다. 이 의와 인이야말로 상제上帝의 법칙이니, 이를 우러러 받들어서 혹시 이루지 못할까 삼가고 두려워해야 한다.

　혹자는 마음이 밝지 못해 상도常道에서 벗어나 구차하고 더럽고 추악한 데 빠져, 음란한 눈길과 귀로 주위를 보고 들으며 방탕하게 행동해 천리天理의 밝음을 더럽히고 인간의 바른 도리를 업신여긴다. 이렇게 마음이 점차 오염되어 가는 것을 오히려 좋아하고 수많은 악행을 자행한다.

　나는 이러한 일을 두려워해 항상 마음으로 경계한다. 혼자 있는 어두운 방에서도 나를 감시하는 밝은 눈은 빛나고 있으므로 나는 스스로를 경계하며 마치 소중한 옥을 잡은 듯, 물이 가득 찬 잔을 받들 듯 행동거지를 조심조심 삼간다.

천리를 온전하게 보전하는 일은 엄중하고도 그 길이 멀기에, 눈 깜짝할 순간이라도 소홀히 할 수 없다. 그렇기에 감히 한순간도 가볍게 행동할 수가 있겠는가?

주자학을 집대성한 주희朱熹(1130~1200)의 '존덕성재명存德性齋銘', 즉 '덕성을 받드는 서재에 새긴 경계의 글'이다.

자신을 닦는 공부를 하라

옛 사람들은 타고난 밝은 덕을 밝히는 '위기지학爲己之學'을 했는데, 요즘 사람들은 남에게 자신을 드러내기 위한 '위인지학爲人之學'을 한다.

스스로를 위하는 위기지학은 먼저 그 몸을 정성스럽게 하여 군신 간의 의리와 부자간의 인仁을 소홀히 하지 않고 부지런히 밝히고 행해 그 혜택이 두루 넘쳐 만물에까지 이르도록 한다.

반면에 위인지학은 겉으로 보기에 봄꽃처럼 화려하여, 암송하는 수려한 문장은 힘이 되고 편찬한 책들은 자랑거리가 되며, 네 마리 말이 끄는 수레와 황금빛 옷 등은 세속 사람들의 눈을 부시게 하는 영광이 된다. 그러나 이것은 세속인의 눈에는 부귀영화이지만, 군자의 눈에는 부끄러움이 된다.

그런데 자신을 위한 위기지학과 남에게 보이기 위한 위인지학은 그 첫 단서를 구분하기가 매우 어려워, 면밀히 살피지 않으면 결국 오랑케와 같이 되어 그 간격이 천양지차로 벌어지고 만다.

훌륭하도다. 주씨 가문周侯이여! 선인의 뜻을 지극히 받들어 학고재 재실을 짓고 날로 새롭게 하여 후손을 바른 길로 이끌어 주는구나. 이 재실에는 서적도 있고 도도 있어, 그 후손들이 일상생활에서는 예의범절을 다하고 밤에는 성찰하고 낮에는 돈독히 도를 실행하니, 어찌 무엇을 도모함에 어려움이 있겠는가?

성인의 학문은 처음에는 어려우나 뒤에는 몸에 젖어들어, 빠르지도 느리지도 않게 유유히 앞으로 나아가게 된다. 이에 나는 명을 지어 처음 마음가짐을 경계하노라.

주희의 '학고재명學古齋銘'이다.

경敬과 의義를 스승으로 삼아라

곤괘坤卦의 두 번째 음효陰爻는 그 덕이 곧고 방정함을 말하는데, 군자는 이를 본받아 도를 행함에 떳떳함이 있다. 안으로 마음을 세우는 데는 곧음이 중요하니 오직 경으로써 이를 행하고, 밖으로 행할 때는 방정함이 중요하니 오직 의로써 이를 행한다.

경이란 무엇인가? 오직 하나天理를 받들어 마치 신명神明이 옆에 있는 듯 두려운 마음으로 보존해 가는 것을 말한다. 의란 무엇인가? 정당한 도리를 따름으로써 사사로운 이욕利欲과 참된 도리를 구분해 행동하는 것을 말한다. 고요히 마음속의 천리를 보존하고 길러 가면 그 가운데 근본이 바로 서서 사물을 응대함이 도리에 맞지 않음이 없다. 경의 위대함이여, 한 마음의 곧음은 오직 이를 통해서 이루어진다. 의의 지극함이여. 만 가지 일의 근본이 된다. 이 경과 의는 서로 어긋나지 않으므로 둘을 함께 수행해 나가면, 안과 밖이 훤히 관통해 마침내 위로 하늘의 덕에 도달하게 된다.

옛날 명철한 왕은 이 '경'과 '의'를 스승으로 삼고, 이를 단서丹書에 기록해 소중한 자리에 보존했다.

경은 나태함과 대립하고 의는 사욕과 대립하는데, 이 중 어느 쪽에 마음을 두느냐에 따라 화와 복이 뒤따른다. 나태한 마음이 싹트면 용렬하고 어두운 구렁텅이로 떨어지며, 사욕이 불타오르면 이익을 좇아 미친 듯이 날뛴다. 이 나태함과 사욕이야말로 덕을 무너뜨리는 도적이니 원대한 마음을 내어 마치 전쟁터에서 적을 무찌르듯 물리쳐야 한다.

나태함과 사욕을 극복하고 나면 경과 의가 보존되어 마음은 곧고 행동은 방정하여 덕에 합치될 수 있는 것이다. 문득 재실의 편액을 보니 마치 엄한 스승이 서 있는 듯 가르침이 다할 날이 없구나.

송나라 유학자 진덕수眞德秀(1178~1235)의 '경의재명敬義齋銘'이다.

마음을 잡는 요체는

마음을 잃어버리지 않도록 하라

순 임금이 우 임금에게 건네 준 열여섯 글자는 오래도록 심학의 연원이 되어왔다. 인심人心이란 어떤 것인가? 형기形氣에서 생겨났으므로 좋아하기도 하고 즐거워하기도 하며, 화를 내기도 하고 원망을 하기도 한다. 오로지 욕심에 바탕을 두고 있으므로 타락하기 쉽다. 이를 두고 '인심이 위태롭다'고 한다. 그러므로 인심은 눈 깜짝할 사이라도 그대로 놓아두면 뭇 허물이 따르게 된다.

그럼 도심道心이란 어떤 것인가? 성性과 명命에 뿌리를 두고 의義와 인仁, 중中과 정正을 두루 갖춘 것이다. 즉 이理를 말한다. 순순한 이치이므로 형태가 없고, 형태가 없으므로 이른바 '도심은 미세하다'고 한다. 미세하므로 털끝만큼이라도 방심하면 보존하기가 어렵게 된다.

이 인심과 도심 사이에는 본래 뚜렷한 구분이 있는 것이 아니다. 그러므로 이것을 살필 때는 정밀하게 살펴야만 흰 것과 검은 것을 구별하듯이 또렷하게 구별할 수 있다. 인심과 도심을 구별해야만 앎에 이르게 되고, 인을 지켜야만 비로소 지知와 인仁이 각각 시작과 끝이 되어 하나로 연결된다.

오로지 정밀하게 살펴 도심 하나를 보존해야 하므로 '일一'이라 하고, 하나이므로 '중中'이 된다. 선현들께서 누차 심법을 이야기했다. 순임금이 근본을 세웠으며, 우 임금이 이를 전수받아 만사의 규범으로 삼고 후인들의 수행 지침이 되게 했다.

늘 삼가고 두려워하며, 특히 혼자 있을 때 근신하고 삿된 생각을 막아 참됨을 보존하며, 성냄을 막고 탐욕을 버려야 한다. 상제께서 항상 너의 곁에 강림해 계시니 어찌 한시나마 삿된 생각을 할 것이며, 비록 구석진 방이 은밀하다 해도 어찌 부끄러운 행동을 자행할 것인가?

사비四非는 마치 적군을 공격하듯 막아야 하고, 사단四端은 이미 발했으면 이를 널리 확충해가야 한다. 사사로운 생각이 일어나면 마치 구름을 걷듯이, 혹은 깔고 앉은 자리를 말아 치우듯이 없애야 한다. 인의 마음이 싹트면 마치 훈훈한 봄바람에 만물이 자라나듯 길러야 한다. 닭이나 개가 우리에서 나가면 다시 찾을 마음을 내고, 소나 양을 기르면 산의 풀을 다 뜯어 먹어 혹시 민둥산이 되지 않을까 염려하듯, 찾고 경계하는 마음을 미리 지녀야 한다.

손가락과 어깨, 등 중에서 어느 것이 귀하고 어느 것이 천하겠는가? 비록 표주박 속의 거친 밥 한 그릇이든지, 엄청난 돈이든지 간에 이를 앞에 두고 거절할 것과 받을 것을 분명히 가려야 한다. 인욕을 극복하고 제어하는 일과 천리를 보존하고 기르는 일은 서로 공功이 되어 조화되도록 해야 한다.

순 임금은 어떤가? 그도 사람 아닌가? 그래서 나도 순 임금과 같기를 기약해야 한다. 도심이야말로 모든 선의 바탕으로 하늘이 나에게 준, 위대한 선물인 것이다. 이 도심을 나의 방촌(마음)으로 거두어들이면 태극이 내 몸 안에 있게 되고, 밖으로 드러내 온갖 일에 응하게 하면 그 쓰임이 다함이 없으니, 어찌 신령스런 거북을 귀하게 여기듯 푸른 옥을 소중히 받들듯이 도심을 전심전력으로 간직하지 않겠는가?

옛 선인들은 오직 경으로서 이를 전해, 지킬 때는 오직 하나로 거두어들이고 펼칠 때는 온 누리에 가득 차게 베풀었으니, 세상에 이 일보다 먼저 해야 할 일이 어디에 있겠는가?

내가 수령이 되어 한 고을을 맡게 되면서, 혹시 사사로운 욕심이 도심을 막을까 우려해 여러 선인들의 금구金句를 한자리에 모았다. 이를 통해 마음 깊숙한 곳까지 깨끗이 씻고자 맑은 날 밝은 창 아래 비자나무 책상 앞에 앉아, 향을 피우고 책을 펼쳐 내 마음속의 도심인 천군天君을 받든다.

진덕수의 '심경찬心經贊'이다. 심경은 경전과 도학자들의 저술에서 심성 수양에 관한 격언을 모아 편집한 책이다.

위 글에서 16자 심법이란 서경에 나오는 '인심은 위태하고 도심은 은미하니 오로지 정성을 다해 마음을 하나로 모아 진실로 그 중정中正을 잡아야 한다人心惟危 道心惟微 惟精惟一 允執厥中'라는 글귀를 말한다.

'사비四非'는 예가 아니면 보지도 듣지도 말하지도 움직이지도 마라는 '비례물시非禮勿視 비례물청非禮勿聽 비례물언非禮勿言 비례물동非禮勿動'을 말한다.

마음을 잡는 요체는

사람은 하늘로부터 성性을 부여받아 이를 지니고 있으니 어찌 인仁하지 않을 수 있겠는가? 사람이면서도 인하지 않는 것은 곧 다른 외물로부터 지배당함을 의미한다. 귀는 소리에 이끌리고, 눈은 색에 이끌리고, 입은 방자한 말에 이끌리고, 몸은 경솔한 행위에 이끌리어, 인욕은 드러나고 천리는 어두워져 마침내 자취를 감추고 만다.

도가 행해지려면 오직 예로써 기준을 삼고, 예가 아니면 따르지 말아야 한다. 예란 무엇인가? 이理의 마땅함이 자연스럽게 펼쳐짐을 말한다. 다시 말해서 인위를 배제하고 한결같이 천리에 따름을 말한다.

'물勿'이란 글자는 '하지 마라'는 뜻인데, 인욕이 마치 물처럼 계속 흘러나올 때 이를 막고 방지함을 뜻한다. 그럼 누가 이것을 하는가? 마음이다. 이 마음을 잡는 요체는 성인들께서 서로 주고받은 16자 심법 가운데 '일一'자에 놓여있다. 일단 마음이 하나가 되면, 행위의 저울추는 저절로 따라오게 된다. 내가 수레를 타고 갈 때 수레를 끄는 네 마리 말이 서로 엇갈려 달린다면, 누가 이것을 바로잡아 수레가 길 밖으로 벗어나지 않게 하는가. 바로 말고삐를 잡은 나다.

그러므로 군자는 반드시 마음을 바르게 하여 공경하고 두려워하며 삼가니, 드러나지 않는 일도 마치 상제가 옆에 있는 듯이 자신을 속이지 않고 조심조심 인욕을 막고 천리를 보존해 가야 한다. 일만 명의 병사도 한 장수가 명령을 내리면, 천둥 같은 북소리에 맞춰 일사불란하게 바람같이 내달리니 누가 감히 장수의 명을 어길 수 있겠는가?

모든 일을 행할 때도 오직 마음이라는 관부官府에서 나오는 천리의 명령에 의해 진행된다. 그래서 밖으로 행할 때는 머물 자리에 머물러서 타락하지 않고, 안으로는 굳게 지켜서 허물없이 편안히 지낼 수 있다.

모든 도리의 밑바탕은 '경' 한 자에 놓여있다. 마음 안팎이 서로 한결같이 이어지고, 고요할 때와 움직일 때 언제나 바름을 지켜 가면, 강아지풀 같은 잡초는 없어지고 벼 같은 곡식은 무럭무럭 자라나며, 거친 재료가 익어 맑은 술이 되는 묘용이 마음에 넘쳐흘러 드디어 만물이 봄을 맞은 듯 생생하게 피어난다.

오직 인욕을 금지하는 이 '물勿'자 한 자에서 모든 선이 나오니, 이 물자를 잘 지켜 나가면 매사에 어긋남이 없게 된다.

진덕수의 '물재잠勿齋箴'이다.

잠에서 깨어나면

닭이 울어 잠에서 깨어나면 여러 가지 생각이 피어오르기 시작한다. 이 때 조용하고 편안한 마음으로 피어오르는 생각을 하나 둘 정리한다.

때로는 지난 허물을 반성하고 때로는 새로 배운 것을 모아 차례대로 조리를 세워 고요한 가운데 명료하게 체계를 잡아 간다.

마음의 근본이 섰으면 뿌옇게 동이 틀 때 잠자리에서 일어나 세수를 하고 머리를 빗고 의관을 갖추고 단정히 앉아 흐트러진 마음을 거두어 들여서, 이 마음 지니기를 마치 떠오르는 태양과 같이 훤하고 엄숙하고 가지런하며, 텅 비고 고요히 밝게 가져 하나로 수렴한다.

이런 고요한 일심의 상태에서 책을 펼치고 책 속의 성현들을 우러러 마주 대하면, 공자께서 자리에 앉아 계시고 안자와 증자께서 앞뒤에서 계신다. 성인들께서 말씀하신 것을 몸으로 간절하게 공손히 듣고, 제자들의 의문점과 논의사항을 거듭 비교하며 자신을 바로잡아 간다.

일상생활의 여러 가지 일에 응할 때는 마음의 밝은 이치가 마치 눈앞에 보이듯이 행동하는 가운데 드러나도록 한다. 일이 끝나면 다시 본래의 적적한 마음자리로 되돌아가서 고요히 정신을 수렴하고 여러 가지 생각을 그친다.

동과 정은 마치 고리처럼 순환하는데, 오직 마음으로 이를 감시해 고요할 때는 보존하고 움직일 때는 살펴서, 마음이 여러 가지 상념으로 갈라지거나 뒤섞이지 않게 한다.

독서를 하다가 틈이 나면, 물속에서 헤엄을 치듯 정신을 풀어 쉬게 하여 성정을 풍요롭게 길러 간다. 해가 저물면 낮 동안 사람에게 시달린 피로로 인해 탁한 기운이 들어오기 쉬우니, 이럴수록 마음을 삼가 바르고 정중하게 가져 정신을 밝게 일으켜 세운다.

밤이 깊어지면 잠자리에 들어 손과 발을 가지런히 모으고 모든 생각을 쉬게 하여 심신心神을 잠자리로 돌아오게 한 후, 맑은 야기로 충만하게 하여 이를 길러 간다.

정貞이면 곧 원元으로 돌아가니, 오직 이 바른 도리에만 생각을 두고 밤낮 쉬지 않고 힘차게 나아간다.

명나라 진백陳柏(1506~1580)의 '숙흥야매잠夙興夜寐箴(새벽에 일어난 후 밤에 잠들 때까지의 수행지침)'이다.